KB253831

발화와 인지 비대칭성 연구 Ⅰ

발화와 인지 비대칭성 연구 Ⅰ

강석한 著

서 문

    발화와 인지의 비대칭성 연구 시리즈의 첫 번째 연구서를 완성하였다. 제1권은 영어 화자만을 대상으로 연구한 것이다. 다음에 이어질 제2권에서는 배경언어별(영어, 중국어, 한국어), 연령별(대학생, 초등학생), 경험별(해외체류, 비체류), 실력별(영어 상위권, 하위권)로 나누어서 진행 중인 연구결과를 실을 예정이다. 제3권에서는 한국어를 기본어로 해서 역으로 영어, 중국어, 한국어 화자를 피험자로 실험한 결과를 내놓을 예정이다. 총 3권으로 이루어질 발화와 인지 비대칭성 연구시리즈는 2007년까지 완성할 예정이다.

    이 연구의 중요성은 영어 교육을 순수하게 음성/음향심리 측면으로 접근했다는 데 의의가 있다. 우리는 아직도 제2외국어 습득에서 발화와 인지와의 관계에 대한 명확한 지식체계를 가지고 있지 못할 뿐더러, 그 이전에 모국어의 발화와 인지 관계도 불명확하다. 본 연구서는 제2권 영어 교육 측면과 제3권 한국어 교육 측면으로 연구 확장을 기하기 이전에 기본적으로 영어 단일 언어를 배경으로 영어 원어민의 발화와 인지를 살펴본다는 데 의의가 있다. 따라서 제1권에서는 실험 음운론과 음성학 영역에서 연구가 이루어졌다.

    이 책은 실용서와는 전혀 관계가 없는 순수한 연구 보고서이다. 그러나 이 책은 발화와 인지작용을 이해하는 데 분명 일조하

리라 본다. 이 연구가 더더욱 자부심을 가지는 것은 영어 열풍으로 인해 오직 실용서만 판을 치는 우리나라에서 순수 과학적인 발화와 인지에 대한 접근을 했다는 점이다. 이미 이 분야는 우리나라 스스로 독자적인 학문 모델을 세워야 하는 단계에 진입했다. 이민자를 대상으로 하는 미국과 캐나다, 2개 이상의 언어가 일상적으로 사용하는 유럽의 경우와 우리나라 영어 교육은 환경적인 측면에서 다를 수밖에 없다.

어려운 환경에서도 출판을 결심해준 한국학술정보(주) 채종준 사장님과 편집을 맡아준 선생님께 감사함을 드린다. 마지막으로 언제나 희망을 심어주는 강봉준 어린이와 아내 양재선 씨에게 고마움을 전하고 싶다. 그리고 본 연구는 학술진흥재단 신진연구인력 지원사업(2004-908-A00059)에 의하여 이루어졌다.

2005년 8월 연세대학교 중앙도서관에서 초안본 씀
2006년 11월 인천대학교 학산도서관에서 재검토 함

차   례

그림차례

제1장 도 입

1.1. 연구의 목적

영어파열음의 유/무성대조는 다양한 음향신호들을 이용하여 연구되어 왔다: VOT(Liberman et al. 1958; Lisker & Abramson 1964, 1967, 1970; Cho & Ladeforged 1999), F0(Lehiste & Peterson 1961; Ohde 1984; Whalen et al. 1990, 1993), 폐쇄구간 성대진동(Parker 1974; Hogan & Rozsypal 1980; Lisker 1981; Raphael 1981; Hillenbrand et al. 1984), 모음구간(Raphael 1972; Raphael et al. 1975, 1980; O'Kane 1978; Hogan & Rozsypal 1980; Krause 1982; Revoile et al. 1982; Wardrip-Fruin 1982; Massaro & Cohen 1983; Fisher & Ohde 1990; Crowther & Mann 1992), 폐쇄구간(Lisker 1957, 1981; Raphael 1981; Parker & Kluender 1986; Cazals & Palis 1991), 파열 존재유무 (Malécot 1958; Wang 1959; Wolf 1978), 파열구간(Byrd 1993), 자음/모음 구간비율(Port 1981; Port & Dalby 1982; Massaro & Cohen 1983; Repp & Williams 1985), F1(Parker 1974; O'Kane 1978; Walsh & Parker 1981, 1983; Crowther & Mann 1992; Fischer & Ohde 1990; Kingston & Diehl 1994), F2 (Delattre et al. 1955) 등이 유/무성대조를 이끄는 신호들로 여겨

14

져 왔다.

그러나 음운인지과정에서 이러한 음향신호들의 역할이 서로 다를 것이라는 연구는 일부 이루어져 왔는데(Lisker & Abramson 1964, 1971; Repp 1979; Nearey 1997), 이 연구들은 여러 음향신호 중에서 주로 VOT가 범언어적으로 유/무성을 구분하는 주요한 신호라고 주장한다. VOT는 각 언어의 유/무성파열음의 음향측정을 통하여(영어, 스페인어, 태국어: Lisker & Abramson 1970; 한국어: Lisker & Abramson 1971; 레바논 아랍어: Yeni-komsian et al. 1977), 각 언어의 후두자질을 규명하는 중요한 신호로 인정(Iverson & Salmons 1995)될 뿐만 아니라, 구간길이 및 스펙트럼 형태에 의하여 유/무성과 조음위치가 결정된다고 보았다(Plauché 2001).

이러한 VOT 위주의 파열음 연구는, 과연 이 신호가 유/무성인지에 결정적인 신호인가에 대하여 회의적인 시각이 나타났다(Serniclaes & Bejster 1979). 이 대안으로 다방면의 신호를 이용한 인지실험이 실시되었는데, 주로 자연음의 편집(Williams 1977), 인공합성음에 대한 여러 신호의 조작(Serniclaes & Bejster 1979)을 통하여 이루어져 왔다. 이러한 실험을 통하여 유/무성인지는 VOT에만 의존하고 있지 않음을 보여주었다.

본 연구에서는 VOT뿐만 아니라, 모든 시구간신호(temporal cues)를 대상으로 유/무성인지에 작용하는 신호의 서열을 규정하는 작업을 하고자 한다. 이는 기존의 인지연구가 VOT를 위주로 한 일부 신호의 비교나(Serniclaes & Bejster 1979), 단일신호의 구간에 의한 분석(Lisker & Abramson 1964; Plauché 2001)에 그친다는 점을 반성하여 종합적으로 분석하려고 하였다. 이를 위하여, 주요한 시구간신호에 해당하는 6개의 음향신호 -VOT, 폐쇄묵음구간, 폐쇄 중 유성구간, 선행모음구간, 후행모음구간, 파열 -를 선정하였다. 이는 선정된 신호를 대상으로, 음향과 인지[1] 측면을 서로 비교함으로써, 두 측면 사이의 신호역할에 대한 비대칭과 신호서열과의 관계를 규명하기 위해서다.

본 연구의 이론적 배경은, 음향과 인지 사이의 간접적 관계를 제시한 '약이론'(weak theory: Nearey 1997)이다. 이 이론은 조음과 음운 사이에는 강한 관계를 언급한 Liberman & Mattingly (1985)의 '운동이론'(motor theory)과 Kingston & Diehl(1994)이 주장한, 음운과 청각 사이에는 강한 관계가 성립한다는 '강청각이론'(strong auditory theory)에 대하여 일정한 거리를 두고 있다. '약이론'에서 언급하는 '간접적 약 관련'이란 음향과 인지 사이의 비대칭을 의미한다. 예를 들면, VC환경에서의 '파열구간'신호는 음향에서는 유/무성을 구분하는 신호가 될 수 없지만,[2] 인지에서는 주요한 신호가 된다. 그러나 역으로 '폐쇄구간'신호는 음향에서는 유/무성을 구분하는 중요한 신호이지만, 인지에서는 상대적으로 중요한 신호가 아니다.

---

1) 인지(perception)란 심리학적 용어로 지각을 의미하며(양돈규 2003), 감각(시각, 청각, 촉각, 등)을 사용하여 사건이나 대상 또는 자극을 인식하고 이해하는 것을 의미한다(박경자 외 2001).
2) 본 연구에 의하면 '파열구간'은 p=0.784로 발화상 유/무성 간에 차이를 보이지 않는 것으로 조사되었다.

이러한 음향과 인지 측면의 비대칭은, 신호 간의 질적 차이에 대한 개념을 유도한다. 신호 간의 질적 차이란, 인간의 청각에서 직접적으로 느끼는 신호 간의 차이를 의미한다. 이 신호 간의 차이는 신호서열 가설을 탄생시키는 직접적인 계기로 작용한다.

영어파열음은 조음적으로 '접근단계-폐쇄단계-개방단계'가 존재한다는 것은 널리 알려진 사실이다. 이 조음단계에 대응되는 음향신호 중에서 파열, VOT, 후행모음 부분을 포함하는 개방단계신호가 청각에 영향을 미치는 가장 우수한 신호이며, 이어서 선행모음구간에 구현되는 접근단계신호가 그 뒤를 이으며, 마지막으로 폐쇄단계신호는 인지적으로 가장 미약한 신호로 분류할 수 있다. 이러한 인지 측면의 신호역할에 대하여 다음과 같은 서열을 가정할 수 있다.

(1.1) 인지에 의한 유/무성구분 조음단계 서열 가설

개방단계신호 〉〉 접근단계신호 〉〉 폐쇄단계신호

이 가설의 배경은 모음 부분에 구현되는 스펙트럼신호(예: F1, F2수치, 전이, 형태)나, 접근단계신호에 구현되는 초분절 요소인 '음고저'(pitch)의 영향으로 개방단계신호와 접근단계신호의 우수성에 영향을 미칠 뿐만 아니라, 이러한 신호들의 결핍되는 폐쇄단계신호는 인지상 미약한 신호임을 주장하는 것이다.

폐쇄단계신호의 질적 저하는 스펙트럼신호가 구현되지 못함에

따라서 초분절 요소인 F0나 F1, F2가 실현되지 못하고, 청각적으로도 유/무성 간에 선호하는 신호가 되지 못하기 때문으로 파악된다. 예를 들면, 겹자음(C1C2)에서 선행자음 C1의 후행자음 C2로의 동화현상은 선행파열음에 대한 후행모음의 부재로 생기는 스펙트럼신호의 결핍으로 인한 청각에서의 유/무성인지 구분이 약화로 인하여, 상대적으로 후행모음으로 인하여 스펙트럼신호가 구현되는 후행자음 C2에 유/무성인지 정보를 의존하기 때문으로 본다.

이러한 인지상의 신호서열 가설을 증명하기 위하여, 발화분석과 청각실험을 하였다. 이를 위하여, 가장 개념과 정의가 명확할 뿐 아니라, 인지에 가장 큰 영향을 미친다고 알려진 시구간신호로 실험을 하였다. 여기서 '시구간신호'란 '스펙트럼신호'(spectral cue)의 상대적인 개념으로서, '시간'과 관련된 구간신호들을 의미한다. 이 시구간신호 중에서, VOT, 선행모음구간, 후행모음구간, 폐쇄묵음구간, 폐쇄 중 유성구간, 파열구간, 이렇게 모두 6개의 신호를 가지고 연구하였다.[3] 각 환경별로 속하는 신호를 보면, CV 환경에서는 유성 선행구간(voice lead), 파열구간, VOT, 후행모음구간을 선정하였고, VCV 환경에서는 선행모음구간, 폐쇄구간, 파열구간, VOT, 후행모음구간을 선정하였고, VC 파열 환경에서는 선행모음구간, 폐쇄구간, 파열구간, VC 비파열 환경에서는 선행모음구간을 선택하였다.

---

3) Lisker(1986)는 시구간신호와 스펙트럼신호를 통틀어 모두 16개로 구분하였다.

본 연구의 구성은 다음과 같다. 제1장에서는 본 연구의 목표와 의의를 제시하였다. 제2장에서는 영어파열음의 신호에 대하여 살펴보고, 본 연구의 이론적 배경으로 제시된 발화와 청각의 관계에 대한 여러 관점들을 제시하였다. 제3장에서는 각 환경(CV, VCV, VC 파열, VC 비파열)에서의 파열음의 수치적 특징과 통계적 유의도를 신호별로 분석하였다. 제4장에서는 각 환경별 시구간신호를 편집하여, 인지실험을 행하였다. 이 실험을 통하여, 특정 환경에서 주요한 신호가 무엇인지, 그리고 대체신호는 무엇인지를 포착하려고 하였다. 제5장에서는, 실험을 통하여 밝혀진 신호 간의 서열이 왜 일어나게 되는지를 토론하였다. 제6장에서는 결론과 차후 연구과제를 제시하였다.

1.2. 연구의 의의

Borden *et al.*(1994)은 청자가 어떻게 음성신호를 처리하고, 정보를 추출해 내는지는 아직도 밝혀지지 못하고 있다고 하였다. Plauché(2001)는 음향신호가 청각체계에 미치는 영향은 아직까지 알려진 바 없다고 하였다. 이런 문제는 아마도 음향신호의 스펙트럼신호에 실려 있는 음향단서와 음운대립 사이에는 변화가 많고 문맥적으로도 가변적인 관계이기 때문일 것이다. 즉 풍부한 음향정보와 많은 변이를 보이는 음성신호와 불변의 음운대조를 지각하는 인지능력 사이에는 비대칭이 존재하기 때문이다.

청각체계와 음향신호와의 관계가 정확히 파악되지 않았기 때문에, 일부 음성학, 음운론에서는 신호정보량을 음향신호에 의존하는 경우가 많다. 그 한 예로 인지를 기반으로 성립된 음운론의 신호허가이론(Licensing by Cue: Steriade 1995, 1997, 2001; Jun 1995; Flemming 1995)에서는 신호정보량은 각각의 환경에서 구현되는 음향신호 수에 의존할 뿐더러, 신호의 질을 의미하는 신호 중량감[4])도 발화 실험에 의하여 결정된 음향특징에 의존한다. 이러한 발화 실험결과에 의한 신호특징은, 신호에 대한 왜곡된 모습을 반영할 수 있다.

본 연구의 의의는 발화분석과 청각실험을 동시에 실시함으로써, 음향에서의 주 신호와 인지에서의 주 신호가 다를 수 있음을 입증하고자 하는 데 있다. 즉 발화상 동등하게 유의미한 신호들이, 인지상 서열을 지니고 있음을 보이고자 한다. 이는 영어 화자들에게는 파열음 인지에 있어서 선호하는 신호가 존재함을 의미하며, 본 연구는 이를 밝힐 것이다.

인지상의 서열 가설이 입증된다면, 이는 각 언어의 발성형태(phonation type)에 따라, 선호하는 신호가 달리 있음을 증명하는 것이며, 인지에 의하여 각 환경에서의 대조/중화가 결정된다는 음운론의 신호허가이론에 보완점을 제시해줄 수 있을 것이다. 즉 각 환경에서의 인지도(perceptual scale)를 결정하는 신호의

---

4) 신호 중량감(cue weighting)에 대한 자세한 토론은 Steriade(1997)를 참조하시오.

양과 질은 음향신호가 아니라 인지신호에 의하여 결정될 수 있음을 보여주는 것이다. 영어 교육에 있어서도, 모국어와 영어 사이의 발음상, 혹은 청취상의 문제는 학습자가 지니는 두 언어 간의 '발화-청각'신호 간의 비대칭 때문임을 제시할 수 있을 것이다. 이는 Lado 이래의 오랜 대조분석(contrastive analysis) 전통이, 이제는 음의 비교에서 신호의 비교로 질적인 전환을 모색해야 함을 의미한다.

제2장 영어파열음의 신호체계

2.1. 영어파열음 특징

파열음[5]은 성문을 완전 폐쇄시켜 막힌 기류의 압력을 상승시켰다가, 폐쇄를 개방시킴으로써 압축된 공기가 방출되면서 나는 소리이다. 따라서 중간단계는 능동 조음자와 수동 조음자에 의한 완전한 구강폐쇄가 이루어져야 한다. 세계 모든 언어에서 보편적으로 발견되는 파열음은 일반적으로 '접근-폐쇄-개방'의 순서를 지니고 있으며 영어도 예외는 아니다.

일반적으로 파열음의 분류는 보는 관점에 따라 다르다. Laver (1994)는 일반적인 음의 분류를 다음과 같이 하였다.

---

5) 일반적으로 파열음(plosive)과 폐쇄음(stop)은 자유롭게 바꿔 쓴다. 그러나 엄밀한 의미에서 파열음과 폐쇄음은 대등한 지위에 있는 용어가 아니다(이진호 2005). 음성학적으로 볼 때 파열음은 폐쇄음의 하위부류에 속한다. 폐쇄음(stop)은 기류의 출발점과 방향에 의하여 네 가지로 분류된다.

구분		기류의 출발점	기류의 방향
폐쇄음(stop)	파열음(plosive)	폐	날숨
	내파음(implosive)	성대	들숨
	방출음(ejective)	성대	날숨
	흡착음(click)	연구개	들숨

본 연구에서는 영어의 /b, d, g, p, t, k/가 기류가 폐에서 출발하고 날숨에 의하여 주로 형성됨으로 좁은 의미로 '파열음'이라고 명명하였다.

(표 1) 음의 주요 분류(Laver 1994)

개시(initiation)	기류 체계(airstream mechanism) 기류 방향(airflow direction)
발성(phonation)	발성 형태(phonation type)
조음(articulation)	조음 위치(place of articulation) 압축 정도(degree of stricture) 조음 측면(aspect of articulation)
합동조음(co-ordination)	합동조음 선택(co-ordinatory option)

　이 분류법에 의하면 영어파열음의 기류체계는 폐기류, 기류방향은 날숨, 발성형태는 유/무성으로 분류될 수 있다. 조음위치에 의하여 양순음, 치경음, 연구개음으로 나눌 수 있으며, 압축 정도는 조음단계와 밀접한 관계를 지니는데, '시작단계 - 중간단계 - 종료단계' 중에서, 중간단계의 압축 정도가 가장 강하다. 조음 측면은 형태(conformation), 지형(topography), 이동(transition)으로 나눌 수 있는데, 공기 흐름의 방향과 관련 있는 형태 측면에서 영어파열음은 구강에 속하며, 혀의 형태와 관련이 있는 지형 측면은 종방향지형(longitudinal topography)과 교차지형(transverse topography)으로 다시 재분류되는데, 종방향 지형 측면에서는 부분적으로 설첨의 확대와 관련 있다. 이동 측면에서는 치경음인 경우 탄설음과 관련이 있다. 합동조음은 이웃 음과의 관계에 의하여 결정되는데, 영어파열음은 무성음화, 파열, 기식현상이 일어난다고 볼 수 있다.

　Cruttenden(2001)은 영어파열음을 조음위치, 강도, 기식성, 유성성에 의하여 분류하였다. 첫째로, 파열음은 조음위치에 따라 분류한다. 즉 양순파열음, 치경파열음, 연구개파열음으로 분류한다. 둘째로, 조음 강도에 의한 분류로 /p, t, k/는 비교적 강한 근육의 힘과 호흡을 동반한 자음으로 경음(fortis)이라 하며, /b, d, g/는 /p, t, k/보다 비교적 약한 자음으로 분류되는 연음(lenis)으로 본다. 셋째로, 기식성에 의한 분류로 무성폐쇄음 /p, t, k/는 강세 받는 모음 앞에 오는 경우 기식음으로 발음되고, 비강세 모음 앞에 오거나 /s/ 뒤에 오는 경우에는 무기음으로 발음된다. 넷째로, 유성과 무성 분류로, /b, d, g/는 구강의 폐쇄와 동시에 성대가 진동하는 유성음이고, /p, t, k/는 성대가 진동 없이 나는 무성음이다.

영어파열음의 특징이 잘 나타나는 발성형태 분류에 대하여, 유/무성분류와 유/무기분류의 두 개의 큰 흐름이 있다. 유/무성분류는 전통적인 의미에서, 주로 음성학적, 조음적, 음향적인 이유로 선호한다. 조음적인 측면에서 Laver(1994)의 발성형태 분류에 따르면, 영어는 유/무성대조 언어임을 알 수 있다. 발성형태는 무성성(voiceless), 속삭임성(whisper), 유성성(voiced), 후두음성(creaky)으로 나눌 수 있는데, 일반적으로 영어파열음은 무성성과 유성성을 보인다. 무성성은 기류의 흐름이 완전히 차단되는 무간격 발성형태(nil phonation)와 기류의 흐름의 최대화가 되는 최대간격 발성형태(breath phonation)로 구분되는데, 어떤 형태건 무성음에 속한다. 유성성은 근 탄력요소의 상호작용에 의하여 성대의 주기적인 진동이 일어나는데 이는 베르눌리 효과(Bernoulli effect)에 의한 것이다. 이러한 조음적인 이유로 유/무성음 구분이 가능해진다고 보았다.

Kingston & Diehl(1994)은 음향적인 측면에서 영어를 유/무성

대조 언어로 파악하였다. 다음은 그들이 제시하는 유/무성 간의
신호 차이이다.

(표 2) 영어파열음 환경별 유/무성대조

	[+유성]	[−유성]
어 두	짧은 VOT	긴 VOT
	낮은 F1	높은 F1
	낮은 F0	높은 F0
	약한 파열	강한 파열
어 중	폐쇄 중 유성존재	폐쇄 중 유성 미존재
	짧은 폐쇄묵음구간	긴 폐쇄묵음구간
	긴 선행모음구간	짧은 선행모음구간
	낮은 F1	높은 F1
	낮은 F0	높은 F0
어 말	긴 선행모음구간	짧은 선행모음구간
	폐쇄 중 유성가능성	폐쇄 중 유성 미존재
	짧은 폐쇄묵음구간	긴 폐쇄묵음구간
	낮은 F1	높은 F1

환경별로 각기 다른 신호들이 나타남에도 불구하고, 영어를 포
함한 스웨덴어, 독일어, 아이슬란드어, 네덜란드어를 [유성]대조
를 갖는 언어로 규정하고 있는데, 그 이유는 다음과 같다. 첫째
로, 조음상 '성대떨림'이 '성대개방'보다 일찍 일어나기 때문이다.
이 현상은 범언어적으로 공통된 현상이므로 '유성'성이라고 정의
를 내릴 수 있다. 둘째, 유성음은 파열음구현이 짧은 VOT로 나
타나건, 혹은 [유성]으로 나타나건 간에, 파열음에 이웃한 모음

F0이 낮아진다. 즉 F0의 변화는 [유성]대조에만 가능하기 때문에 '유성'대조라고 보는 것이 타당하다. 마지막으로, 영어나 네덜란드어는 유/무성구현이 다르게 나타나지만, 겹자음에서 보이는 유/무성 동화현상을 보면 '유성'성 대조라고 보는 것이 타당하다. 결국 조음적인 측면에서 성대떨림이 개방보다 이전에 일어나며, 인지 측면에서 F0이 변화를 보이고, 2차 조음에서 유/무성동화현상을 보임으로 영어는 '유/무성'대조 언어라고 주장한다.

반면에 음운론, 영어 발달사 측면에서는 영어를 유/무기대조 언어라고 주장하는 경우가 있는데, 대표적으로 Iverson & Salmons (1995)가 여기에 해당한다. 이 이론은 Kim(1970)에서 시작되고, Anderson & Ewen(1986)에서 발전된 이론으로, 독일어 계통의 언어는 '기식'의 음운론적 구현으로 특징지을 수 있다고 보았다. 그들이 제시하는 각 언어별 후두자질 구현에 의하면,[6] 영어는 유/무성대조가 아니라 유/무기대조를 갖는 언어임을 보여주고 있다.

---

6) 각 언어별 파열음 특징(Iverson & Salmons 1995)

	/p/	/b/	/pʰ/	/bʰ/	/p'/	/b~ɓ/
Hawaiian	[ ]					
English		[ ]	[spr gl]			
Spanish	[ ]	[voice]				
K'ekchi	[ ]					
Thai	[ ]	[voice]	[spr gl]			
Korean	[ ]		[spr gl]		[constr gl]	
Housa	[ ]	[voice]			[constr gl]	
Hindi	[ ]	[voice]	[spr gl]	[sprgl, voice]		
Yuchi	[ ]	[voice]	[spr gl]		[constr gl]	
Sedang	[ ]	[voice]	[spr gl]			[con gl, voice]
Zulu	[ ]		[spr gl]		[constr gl]	[con gl, voice]
Kullo	[ ]	[voice]			[constr gl]	[con gl, voice]
Sindhi	[ ]	[voice]	[spr gl]	[spr gl, voice]		
Siswat	[ ]	[voice]	[spr gl]	[spr gl, voice]	[constr gl]	
Beja	[ ]	[voice]	[spr gl]	[spr gl, voice]	[constr gl]	[con gl, voice]

그들의 근거로 내세우는 증거는 영어를 포함하는 독일어 계통의 언어는 /s/ 다음의 파열음이 음변화를 경험하지 않았다는 데 있다. Grimm법칙에 의하면, 대부분의 파열음이 마찰음으로 변하였지만, /s/ 다음의 파열음은 이 변화에서 제외되었다.

(2.1) 고대 독일어 자음 추이

1. p, t, k → f, θ, x

IE *pəter → OIce faðar   'father'
IE *pelu- → Go filu   'very, much'
IE *kap- → Go hafjan   'to lift'

2. /s/ + p, t, k → p, t, k

IE *(s)pyaw- → Go speiwan 'spit'
IE *(s)ter- → Go stairno   'star'
IE *(s)kel- → Go skulan   'to owe'

Grimm법칙에서 마찰음화를 일으키는 요소는 '기식'이다. 그들은 네덜란드어를 제외한 독일어 계통의 언어들은 '성문확대'(spread glottis)로 조음된다는 것을 보여주는 증거라고 주장한다. 즉 '성문확대'에서 발생하는 '기식'의 다과(많고 적음)를 가지고 파열음을 분류하는 것이 더 타당하다는 주장이다.

  일반적으로 관점을 어디에 맞추느냐에 따라, 영어를 유/무성대조 언어 혹은, 유/무기대조 언어라고 주장하고 있다. 어떤 관점을 보이건 간에 영어파열음은 '성대진동'과 '기식'이 중요한 분류 잣대로 등장하고 있음을 알 수 있으며, 어떤 요소에 치중하느냐에 따라 분류가 달라진다.

2.2. 영어파열음 신호

2.2.1. 정 의

  신호(cue)의 정의는 음운론적인 측면과 음성학적인 측면으로 나누어 접근할 필요가 있다. 두 분야에서 바라보는 신호의 의미는 약간 다르기 때문이다. 추상적이고 계층화된 개념을 중시하는 음운론에서는 상위개념으로서의 자질(feature)과 하위개념으로서의 신호(cue)를 분리한다. 자질은 한 언어에서의 소리의 종류를 특징짓는 상대적으로 불변의 청각적이고 조음적인 특징을 일컫고, 신호는 조음과 환경에 따라서 가변적인 특징을 일컫는다(Steriade 1995). 예를 들어, 영어에서 유성파열음은 조음위치에 관계없이 0~30ms 정도의 비교적 일정하게 VOT를 구현하기 때문에, '[짧은 VOT]'([short VOT])는 자질이 된다. 그러나 '폐쇄중 유성구간'은 환경과 조음위치에 따라 가변적이기 때문에 신호로 분류된다. 즉 이 신호는 '[긴 VOT]'와 '[짧은 VOT]'는 유/무성을 구분하는 신호이다. 그러나 이런 구분은 환경과 문맥에 의하여 자질과 신호의 구분이 모호해지는 문제가 있는데, 이는 신호허가이론에서도 인정하는 것이다.

> It should be made quite clear now that, while the distinction between cues and features sketched above seems inevitable *it may be necessary to revise the decision to count something as a feature or as a cue in specific cases. (Steriade 1995:26) (*밑줄은 임의적임)

음운론적인 측면에서 자질과 신호의 구분은 음성학적인 사실에 의하여 문제가 제기될 수 있다. 예를 들어, VCV 환경에서 [긴 VOT]라는 자질을 지닌 무성음인 경우 20ms 정도이기 때문에 [긴 VOT]라는 자질이 적용될 수 있을까 하는 의문이 제기되며, 더구나 33%(45/135)의 무성음에는 이 신호가 구현되지 않는 것으로 관측되었다. 이는 탄설음화 영향 때문인데, 중요한 사실은 탄설음화가 영어의 VCV[7]환경에서만 일어나는 현상이 아니라, 많은 언어에서 보이는 현상이다(Kirchner 1995). 더구나, '[짧은 VOT]'라는 자질을 나타내는 유성파열음의 경우 VCV 환경에서는 이 자질이 구현되지 않는다.[8] 이는 선행모음구간에서 이미 유

---

7) 정확한 의미로 영어의 치경음 유/무성이 [강세 모음＿＿＿약세모음] 사이에서, 탄설음으로 변화하는 현상이다.

8) 음성학적 의미에서 VCV 유성음 환경에서의 VOT(voice onset time)란 개념은 존재할 수 없다. 왜냐하면, 이 환경에서는 이미 선행모음에서부터 성대떨림이 계속 이어지기 때문이다. 이 환경에서 보이는 '비주기 에

성이 진행되고 있기 때문에, VOT 신호는 나타날 수가 없다. 요약하면, 자질과 신호의 구분은 언어와 환경에 따라 달라질 수 있다.

음성학적인 의미에서, 신호는 음향신호를 주로 의미한다. 음향신호란 개별음에 대한 위치, 방법, 유/무성특징을 담고 있는 음향부분들을 의미한다(Alaskary 2001). 이 음향신호의 분류는 신호를 바라보는 관점에 의하여 여러 가지로 나눌 수 있다. 우선, 정적신호(static cues)와 동적신호(dynamic cues)로 구분할 수 있고, 혹은 시구간신호(temporal cues)와 스펙트럼신호(spectral cues)로 구분할 수 있다.

정적신호와 동적신호는 파형상의 움직임에 의하여 분류된다. 정적신호는 비교적 정적인 신호를 의미하며, 시간흐름에 따른 스펙트럼변화가 거의 일어나지 않는다. 이러한 정적신호에는 파열, 기식, 포만트 개시 주파수들을 의미한다. 동적신호는 파형상의 음향신호가 시간의 흐름에 따라 변화를 한다. 이런 신호들은 음운구조의 인지구분에 중요한 정보를 준다. 이런 동적신호에는 모음부분에 구현되는 포만트 전이가 대표적이다.

시구간신호와 스펙트럼신호 분류는 시간의 흐름에 관여하는 신호와 스펙트럼 변화에 관여하는 신호로 구분하는 방법이다. 따라서 시구간신호는 폐쇄구간, 파열구간, VOT 구간, 모음구간 등으로, 시간흐름에 의하여 나누어진다. 반면에 스펙트럼신호는 주로 모음 부분에 구현되는 F0, F1, F2등의 수치 및 형태에 의하여 구분하는 방법이다. 일반적으로 음향신호는 시구간신호와 스

너지파'는 'transient'(전이)와 'frication'(마찰)로 보는 것이 타당하다.

펙트럼신호로 구분하는 것이 보편적이다. 왜냐하면, 정적신호와 동적신호의 구분법은 파형상의 움직임에 의한 분류인데, 사실상 파형상에 정적인 움직임을 보이는 경우는 폐쇄구간이 유일하다. '파열'과 'VOT'는 비주기 에너지파에 의하여 동적인 신호로 구분되어야 한다. 따라서 음성학적 측면에서의 신호는 주로 음향신호를 의미하며, 신호 사이에는 음운론에서 보이는 어떠한 위계가 적용되지 않는다. 이러한 신호를 보는 음성학과 음운론의 차이점은 두 분야가 갖는 특징 때문이다. 추상적인 기술이 필요한 음운론에서는 단속적이고, 범주화되고, 계층적이며, 서열화된 개념이 필요한 반면, 음성학에서는 발화에서 발견되는 사실 자체가 중요하기 때문에 선형적이며, 연속적이고, 동등한 형태로 기술된다. 음성학적인 사실을 바탕으로 하는 본 연구에서는 음향에서 이루어지는 모든 특징들을 '신호'로 규정하여 진행하려고 한다.

2.2.2. 신호구분

파열음은 폐쇄접근(approach), 폐쇄(closure), 폐쇄개방(release)9)의 세 단계로 조음된다. 이 단계를 조음적인 측면과 음향적

---

9) MacKay(1987)는 파열 조음의 세 단계를 다음과 같이 나타냈다.
   1. The shutting or closing phase, during which the articulators are moving from a previous open state to the closed state.
   2. The closure phase or occlusion, the momentary total blockage of the vocal tract.
   3. The release, which is the abrupt reopening of the vocal tract. It is

인 측면의 연관관계에 대하여 살펴보면 다음과 같다.

(2.2) 파열음의 조음단계(Ball & Rahilly 1999)

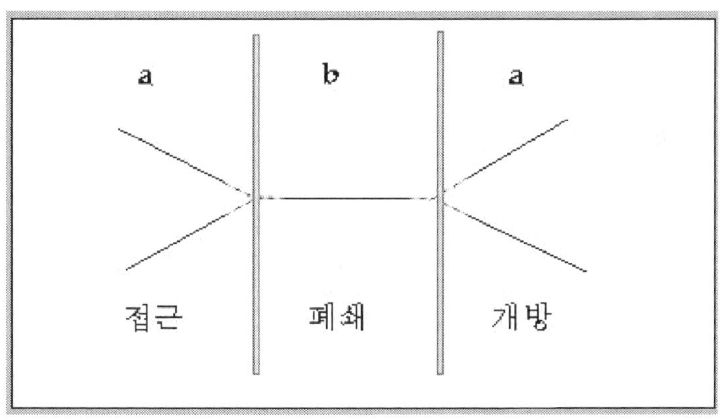

접근단계는 능동 조음자와 수동 조음자들이 완전한 폐쇄로 진입하는 구간이며, 폐쇄단계는 완전한 폐쇄가 이루어지는 구간이고, 개방단계는 조음기관이 중간단계에서 벗어나는 구간이다. 예를 들어, 치조파열음인 경우 접근단계에서 혀의 설첨과 설단 부분이 치조위치로 올라간다. 폐쇄단계에서 공기흐름의 폐쇄가 일어난다. 개방단계에서 구강조음기관에서 파열이 일어난 후, 이어서 성문에서의 개방이 일어난다. 파열음의 조음적인 측면과 음향적인 측면의 관계를 표로 나타내면 다음과 같다.

---

sometimes accompanied by a burst of air, if the intraoral pressure has been great.

(표 3) #[s]CV 환경에서의 파열음조음과 음향과의 관계
(Stevens 1999; Plauché 2001)

파열음의 조음			대응되는 음향	
폐쇄	조음자(articulator)가 완전한 폐쇄로 이동		폐쇄	신호진폭이 최소수준으로 감소
파열	1) 조음자에 의하여 완전한 폐쇄가 일어남 2) 폐쇄 뒤의 압력이 급격히 상승하고, 구강의 확대가 일어남	파열	1) 파열(release burst), 전이(transient)가 발생(이는 소음의 첫 부분의 파열과 진폭의 급작스런 상승 때문)	
	1) 자음과 후행모음의 압축 부분에서 공기흐름이 일어남 2) 성문에서는 구강 내부로의 압력이 감소하며, 성도(vocal tract)의 벽이 원래의 자리로 되돌아감	마찰	1) 마찰(frication)이 일어남(이는 파열과 겹치거나, 파열 이후에 일어나며, 위치적으로 부분적인 폐쇄지역에서 일어나는 공기흐름의 난기류상태)	
성대 진동	1) 성대는 개방된 채로 남아있음 2) 후행모음을 위하여 내전됨	기식	1) 성대를 통과하는 공기흐름에 의하여 기식의 난기류가 생김 2) 저주파수대의 포만트 구조가 나타나기 시작	
	성문상압이 감소하기 시작하고 성대가 내전됨으로써, 성대진동이 시작됨	포만트 전이	모음 포만트의 주기파인 신호가 출현	
	조음자의 후행모음 조음위치로 이동		포만트 전이	

결국, 파열음이란 기류의 압력을 상승시키고, 폐쇄를 유지하다가 방출하는 3단계의 조음형태를 지니며, 여기에 상응하여 음향적으로 접근단계신호, 폐쇄단계신호, 개방단계신호가 차례로 구현된다. 이 세 가지 신호가 가장 잘 나타나는 환경인 VCV 환경을 예로 들어보면, 접근단계신호가 구현되는 위치는 선행모음구간이 나타나며, 폐쇄단계신호는 파열음의 폐쇄구간에 해당하는데, 무성음일 경우는 폐쇄묵음구간이 나타나며, 유성음일 경우는 폐쇄 중 유성구간이 나타난다. 개방단계신호에는 파열, VOT, 후행모음구간신호가 포함된다.

2.2.3. 환경별 신호 종류

영어파열음의 대조를 가져오는 음향신호에는 환경에 따라 각기 다른 신호들이 구현된다. 영어파열음의 음향신호는 다음과 같이 정리할 수 있다.

(표 4) 영어파열음 음향신호

환경	신호	조음단계	신호종류	출전
CV	유성 선행구간	폐쇄단계	시구간신호	Lisker & Abramson 1964, 1971
	VOT	개방단계	시구간신호	Liberman *et al.* 1958 Lisker & Abramson 1964
	VOT 진폭	개방단계	스펙트럼신호	Fisher-Jørgensen 1967
	F1	개방단계	스펙트럼신호	Liberman *et al.* 1958 Kingston & Diehl 1994
	F2	개방단계	스펙트럼신호	Delatre *et al.* 1955
	F0	개방단계	스펙트럼신호	Kingston & Diehl 1994
	후행모음길이	개방단계	시구간신호	Massaro & Cohen 1983
VCV	선행모음길이	접근단계	시구간신호	Massaro & Cohen 1983
	F1	접근, 개방단계	스펙트럼신호	Liberman *et al.* 1958 Kingston & Diehl 1994
	F2	접근, 개방단계	스펙트럼신호	Delatre *et al.* 1955
	F0	접근, 개방단계	스펙트럼신호	Kingston & Diehl 1994
	폐쇄묵음구간	폐쇄단계	시구간신호	Parker & Kluender 1986
	폐쇄 중 유성구간	폐쇄단계	시구간신호	Lisker 1957, 1986
	VOT	개방단계	시구간신호	Lisker & Abramson 1964
	후행모음길이	개방단계	시구간신호	Massaro & Cohen 1983
VC	선행모음길이	접근단계	시구간신호	Massaro & Cohen 1983
	F1	접근단계	스펙트럼신호	Liberman *et al.* 1958 Kingston & Diehl 1994
	F2	접근단계	스펙트럼신호	Delatre *et al.* 1955
	F0	접근단계	스펙트럼신호	Kingston & Diehl 1994
	폐쇄 중 유성구간	폐쇄단계	시구간신호	Lisker 1957, 1986
	파열구간	개방단계	시구간신호	Malécot 1958 Byrd 1993
	파열진폭	개방단계	스펙트럼신호	Malécot, 1958 Byrd 1993

위에 제시된 신호 중에서, '시구간신호'를 살펴보면 다음과 같다.

(표 5) 각 환경별 시구간신호 구분

	조음단계	신호	유/무성 구현 여부
CV	폐쇄	유성 선행(voice lead)	유성
	개방	파열, VOT	유/무성
		후행모음구간	유/무성
VCV	접근	선행모음구간	유/무성
	폐쇄	폐쇄묵음구간	무성
		폐쇄 중 유성구간	유/무성
	개방	파열, VOT	유/무성
		후행모음구간	유/무성
VC 파열	접근	선행모음구간	유/무성
	폐쇄	폐쇄묵음구간	유/무성
		폐쇄 중 유성구간	유성*
	개방	파열	유/무성
VC 비파열	접근	선행모음구간	유/무성

* 무성음에도 폐쇄 중 유성구간이 출현될 수 있다. 이는 어말무성음에서 선행모음구간에서의 성대떨림이 중지되었을 때 성대떨림의 잔상이 남아있기 때문이다. 그러나 관측된 수치가 미미하므로 측정에서 제외하였다.

위 신호구분에 대하여 환경별로 분류하면, CV 환경에서는 유성선행구간, 파열구간, VOT, 후행모음구간의 4개의 시구간이 출현하며, VCV 환경에서는 선행모음구간, 폐쇄묵음구간, 폐쇄 중 유성구간, 파열구간, VOT, 후행모음구간의 6개의 시구간이, VC 파열 환경에서는 선행모음구간, 폐쇄묵음구간, 폐쇄 중 유성구간, 파열구간의 4개의 시구간이 출현하며, VC 비파열 환경에서는 선행모음구간의 단 하나의 시구간신호가 출현한다. 이러한 시구간신호의 출현을 각 환경별, 유/무성별로 살펴보면 다음과 같다.

(표 6) 각 환경별, 유/무성별 시구간신호 구현

1. CV 환경

	폐쇄단계	개방단계	
유성음	선행 유성구간	파열/VOT	후행모음구간
무성음	–	파열/VOT	후행모음구간

2. VCV 환경

	접근단계	폐쇄단계	개방단계	
유성음	선행모음구간	폐쇄 중 유성구간	파열	후행모음구간
무성음	선행모음구간	폐쇄묵음구간*	파열/VOT	후행모음구간

* 무성음이 폐쇄 중 유성구간으로 구현되는 경우는 치경음의 '탄설음화' 하는 경우임.

3. VC 파열

	접근단계	폐쇄단계	개방단계
유성음	선행모음구간	폐쇄 중 유성구간	파열
무성음	선행모음구간	폐쇄묵음구간	파열

4. VC 비파열

	접근단계
유성음	선행모음구간
무성음	선행모음구간

위의 환경에 구현되는 시구간신호에 대하여 발화분석과 청각 실험을 할 예정이다. 그리하여 음향과 인지 사이의 비대칭을 찾고, 인지에 있어서의 신호 간의 서열을 규명할 것이다.

2.3. 이론적인 배경

선행연구들은 조음, 청각, 인지의 관계 정도와 방향에 따라서 구분할 수 있다. 즉 관계의 정도에 따라 강이론(strong theory)과 약이론(weak theory)으로 나누어지고, 각 영역 사이의 관계에 따라 일방적이냐 상호적이냐로 다시 재분류된다. 본 연구는 청각과 인지의 두 영역만을 대상으로 다루었기 때문에, 두 분야를 집중적으로 검토하도록 하겠다.

2.3.1. 강이론(strong theory)

강이론이란 음운, 조음, 청각 사이에 단순하고, 강력하고, 투명한 관계가 존재한다고 주장하는 이론이다. 즉 음성학의 하위 분야인 조음, 청각 부분과 상위 개념인 음성학과 음운론 사이에는 강력하고 직접적인 관계가 형성된다는 것이다. 이 강이론에는 '이중 강이론'(double-strong theory: Hayward 2000)과 '강조음' 및

'강청각'이론으로 나누어 볼 수 있다. '이중 강이론'은 음운과 조음 사이의 강한 관계 및 음운과 청각 사이의 강한 관계를 가지고 있음을 의미한다. 그러나 '강조음이론'과 '강청각이론'은 각 영역 사이가 균일하지 않다.

강조음이론(strong gesture theory)은 Liberman & Mattingly(1985)의 '운동이론'(motor theory)에 의하여 구현된 것이다. 이 이론에 의하면 조음과 음운 사이에는 강한 관계가 존재하지만, 조음영역과 청각 영역 사이에는 일치하지 않는다. 더욱이 청각과 음운 사이에는 구체적인 언급이 없다. 막연히, 음운에서 청각으로 이르는 과정은 복잡한 '종합－분석'과정을 거친다고 하였다. 강청각이론(strong auditory)은 Kingston & Diehl(1994)이 주장한 이론으로 음운과 청각 사이에는 강한 관계가 성립되지만, 음운과 조음 사이에는 약하거나 간접적인 관계만이 성립된다는 것이다.

Kingston & Diehl은 청각 측면이 음운대조에 결정적인 영향을 미친다고 보았다. 그들은 조음 측면의 협응(covary)[10]은 청각강화를 위하여 이루어졌다고 본다. 이는 청각이 상위에 존재하고 조음 부분이 하위에 위치함을 의미한다. 청각강화의 방식은 음향특질(acoustic property)과 청각특질(auditory property)과의 관계에 의하여 만들어지는데 여기에는 세 가지 방식이 존재한다. 첫째, 각각의 음향적 특질이 청각특질에 대응하거나, 둘째 음향적으로 독립된 특질이 단일 청각특질의 하위범주가 되거나, 셋째 몇

---

10) 협응(covary)이란 목표된 음소를 발음하기 위하여 자음동작(gesture)과 모음동작이 함께 조음동작을 이루어간다는 의미이다.

가지의 음향상 하위특질들은 하나 이상의 청각특질에 기여한다는 것이다.

첫째의 음향특질과 청각특질의 대응은, CV 환경에서 유/무성대조를 강화하기 위하여, 저주파수(low-frequency), 기식, C/V 구간비율 등의 음향특징의 구현 여부와 대응을 한다고 본다. 둘째는 인지대조를 강화하기 위하여 음향적으로 독립된 특질이 단일 청각의 하위범주가 된다. 예를 들어, 유성음에 구현되는 저주파수 특질을 위하여, 폐쇄 중 유성구간, 낮은 F0, F1 등이 구현된다. 이러한 음향상의 하위범주들은 모두 유성음대조를 강화하기 위한 전략이다. 셋째는, 단일 음운대조에 기여하는 음향상의 하위범주들이 다른 음운대조에도 기여한다. 예를 들어, /aba/-/apa/에서의 '폐쇄구간'을 달리하면, 유/무성구분의 중요한 '저주파수' 특질(예: F0)을 가지고 오지만, 또한 더불어 '폐쇄구간' 자질의 강화, 혹은 C/V 구간 비율의 강화를 가지고 온다. 그들의 주장은 음향에서 받아들이는 청각이 어떻게 인지에 직접적이고 강력한 영향을 미치는가를 보여준다는 점에서 의의가 있다.

강청각이론의 문제점은 음향상의 모든 자질이 동등하게 청각에 작용하고 있다고 보는 점이다. 예를 들어, /aba/-/apa/의 음운대조를 강화하기 위하여, 저주파자질, 폐쇄구간 자질, C/V구간 비율자질이 똑같이 이용된다고 주장한다. 그러나 인간이 갖는 청각적인 특징에 의하여 시구간신호에 민감한 C/V구간비율이나, 모음에 구현되는 저주파자질이 우선적으로 인지되어, 유/무성구분에 이용될 것이며, '폐쇄구간'자질은 아마도 보조적인 신호로 이용될 가능성이 크다. 이는 음향상의 모든 특질을 똑같은 정도로 중요하게 여기는 강청각이론의 한계로 볼 수 있다.

2.3.2. 약이론(weak theory)

약이론(Nearey 1997)은 조음적인 측면과 청각 측면이 상대적으로 약하게 음소규모 이내에서 음운론적인 요소와 연결이 되어 있다고 주장한다. 즉 조음과 청각 영역은 간접적으로만 연결되어 있고, 두 개의 영역은 표상(음운) 영역을 공유하고 있다. 강이론과 다른 점은 각 영역 간의 관계가 간접적이라는 점이다. 이는 인지의 중요성에 맞추어서 환경에 의하여 음운인지가 변형됨을 의미한다. 이 '이중 약이론'은 두 가지 조건을 만족시킨다. 첫째로, 표상은 조음으로 전환된다. 둘째로, 이러한 조음의 음향적 결과는 청자들로 하여금 전환된 표상을 해석할 수 있는 충분한 청각신호를 제공해준다. 오직 '표상-조음', '청각-표상'의 조건을 만족시키는 부분집합들만이 고려된다. 즉 세 부분 사이에 약한 간접적인 관계가 성립된다. 이런 측면에서 조음과 청각은 독립된 관계이고, 각각의 영역은 표상 영역을 공유하고 있다.

이 이론에서 제시하는 예는 어말 유/무성대조이다. 어말 유/무성대조는 '폐쇄 중 유성구간'이 유/무성을 대조하는 중요한 신호로 알려져 있다. 그러나 공기역학적 이유로 폐쇄 중 유성은 구현이 지극히 어려운 신호이며, 더군다나 오래 지속시키기에는 더욱

어렵다. 한편으로, 무성음인 경우도 유성구간이 끝났을 때, 성대 진동이 바로 중지되는 것도 아니다. 유/무성대조를 강화하기 위하여 일부 화자들은 성대를 좀더 일찍 외전시킴으로써, '성대떨림'을 멈추려고 한다. 바로 이런 이유로 성대폐쇄 이전에 신호의 변화가 일어나는데, 바로 이 현상이 '전-유기화'(preaspiration) 혹은 '성문음화'(glottalization)이다. 그러나 이 현상은 음향학적으로 '묵음'신호에 가깝고, 따라서 묵음구간은 중요한 신호가 되고, 폐쇄 중 유성구간은 중요한 신호가 아니다. 이는 조음과 청각, 청각과 인지 사이에 관계가 존재하지만, 간접적이고 가변적임을 의미한다.

이 이론의 중요한 생각은, '발화-인지'관계의 강이론과는 달리, 신호들이 같은 정도로 똑같이 인지에 작용하는 것이 아니라, 환경, 발화속도, 연령, 지역에 따라서 신호들이 달리 작용을 한다는 데 있다. 이는 발화와 인지 사이에는 간접적인 관계가 성립될 뿐만 아니라, 이 신호들이 인지에 미치는 영향에는 여러 요소에 의하여 가변적임을 의미한다.

2.3.3. 최근의 연구경향

최근의 연구경향은 음변화와 맞물려서 연구되고 있다(Plauché 2001). 이는 음변화가 음인지 혼란에 의한 것으로 추정하고, 실험 음성학을 통하여 이 인지혼란의 원인과 방향을 찾는 것이다

(Ohala 1997b).[11)] 따라서 이 분야의 연구들은 대체적으로 음성학과 음운론, 조음과 청각 사이에 상호적인 약 관련 이론을 지지하는 경향이 농후하다.

Chang *et al.*(2001)의 연구는 파열음 조음위치에서 'ki 〉 ti'로는 인지혼란이 생기지만, 역으로는 생기지 않는다고 보았다. 이는 고모음[i]이 갖는 F2 상승 때문으로, 이로 인하여 연구개음과 치경음을 구별해주는 포만트 역할이 중화가 일어난다. 즉 연구개음이 갖는 F1과 F2의 붕침 형태가 여분화(extra)되기 때문이다. 그들의 연구는, 여분화된 신호 - 약화된 신호 - 로 인하여 음변화가 일어난다는 것이다. 이의 시사점은 파열음의 신호에는 질(quality) 차이가 존재하며, 이 신호들의 질적 차이는 환경에 따라 달라질 수 있다는 점이다.

이러한 환경에 의하여 달라지는 음인지는, 발화와 인지 사이에 여러 단계가 존재하기 때문으로 해석한다. Hume & Johnson (2001:13)은 입력형 [p]와 출력형 [p′]의 관계를 다음과 같이 보았다.

(2.3) 입력형 [p]와 출력형 [p′]의 관계

인지(perception)

청각(audition)

재인(recognition)

---

11) 공시적인 연구를 통하여 통시적인 음변화의 증거를 찾는 방법에 대하여 부정적인 시각도 존재한다.

발화(production)

조응(coordination)

공기역학(aerodynamics)

$p \Rightarrow$ $\Rightarrow$ p'

일반화(generalization)

지각(cognitive)

범주화(categories)

적응(conformity)

대화(communication)

사회(society)

인지와 발화는 낮은 단계의 여과기를 거친 다음, 일반화와 적응이라는 언어인지 영역과 사회언어 영역을 거쳐서 p'로 구현된다. 이 모형은 여과기 자체 내의 영역과 여과기와 출력형과의 관계에 초점이 맞추어진다.

그들이 주장하는 바는 여과기와 출력형, 즉 인지와 음운대조 사이에는 서로간의 동등한 관계가 성립된다는 것이다. 즉 음운론적인 대조가 음인지에 영향을 미칠 뿐만 아니라, 음인지가 음운론적인 대조에도 영향을 미친다. 그러나 이 관계는 직접적이라기보다는 간접적이고 약한 관계로 설명하고 있다.

여과기의 한 분야인 인지와 그 하위 분야인 청각과의 관계는 약한 관계로 보거나, 혹은 부정적인 관계로 보는 것이 압도적이다. Remez(2001)는 하위 영역에서의 음향과 인지의 연결에 대하여 부정적인 시각을 가졌다. 즉 그는 만약 음향과 인지의 직접관계에 있다면 인지는, 첫째로 각각의 음향요소를 모두 감지하고, 둘째로 그것을 음소와 연결시킨다. 그러나 음소대조에 기여하는 음성학적인 구현은 첫째로, 음운론 인지는 범주형인 데 비하여 음성구현은 선형적이며, 둘째로 음운론 인지는 일관성을 갖는 반면, 음성구현은 다양한 물리적 변이를 가진다.

그의 부정직 견해는 인간이 갖는 독특한 청각체계의 특성 때문이다. 감각체계는 물리적인 다양성을 단속적(범주형)으로 평가하고, 어떤 신호체계는 중시하고, 어떤 신호는 무시한다. 감각체계는 근원적인 왜곡을 바탕으로 범주화를 가중시킨다. 바로 이런 현상이 음운론에 대한 인지의 영향이다. 따라서 두 영역 사이의 연관에 대하여 고려되어야 할 사항은 심리음향학적 요소일 수밖에 없다. 즉 어떤 신호를 주 신호로 받아들이는가 하는 신호선호 측면과, 그 신호의 다양성과 순서화의 문제이다.

본 연구는 각 영역 사이에 약한 관계가 존재한다는 Nearey(1997)의 견해와 그 하위 영역인 청각과 인지 사이의 비대칭을 언급한 Remez(2001)의 견해를 이론적인 배경으로 하여, 이러한 약한 관계가 성립되는 것은 인지 측면에서 이루어지는 ‘신호서열 가설’ 때문임을 주장한다.

제3장 발화 분석

영어파열음 /p, t, k, d, k, g/에 대한 연구는 오래전부터 이루어져 왔는데(Liberman et al. 1958; Lisker & Abramson 1967, 1971; Massaro & Cohen 1983; Kingston & Diehl 1994), 크게 '구간매개변수'(temporal parameters)와 '스펙트럼 매개변수'(spectral parameters)에 대한 연구로 나눌 수 있다. 본 연구에서는 구간 매개변수에 대하여 측정을 실시하였다. 즉 CV, VCV, VC 파열, VC 비파열 환경에서 접근단계신호(선행모음구간), 폐쇄단계신호(폐쇄 중 유성구간, 폐쇄묵음구간), 개방단계신호(VOT, 파열, 후행모음구간)를 대상으로 구간 측정을 실시하였고, 각 신호구간들이 유/무성구분에 유의미한 차이를 보이는지를 살펴보았다.

CV 환경에서는 개방단계신호인 파열, VOT, 후행모음구간을 관측하였다. 폐쇄단계신호 중 폐쇄묵음구간은 산출이 불가능하여 측정에서 제외하였지만, 음수의 VOT를 나타내는 유성 선행구간(voice lead)은 유성음 중 32%에서만 관측되었음에도 불구하고, 엄연히 존재하는 신호이기 때문에 측정에 포함하였다.

구간 측정에서 논란이 될 수 있는 부분이 VOT 구간 측정이다. 많은 연구(Lisker & Abramson 1964; Serniclaes & Wajskop 1979; Kent & Read 2002)에서는 VOT 구간은 전이가 일어나는 시점부터 후행모음의 성대가 진동하는 시점까지를 측정하였다.

VOT was measured on spectrograms in the usual way, i.e., as the difference between the release transient of the stop and the first period of regular laryngeal vibrations (Serniclaes & Wajskop 1979:769)

그러나 이 측정법은 구강에서의 마찰과 성대에서의 기식이 혼용되어 측정될 수 있다는 측면에서 이를 세분화하였다.[12] 다음에 제시된 그림은 비기식 파열음의 조음신호를 순서대로 나타낸 것이다. 유성 후행(voice lag)에서 VOT(voice onset time)까지의 발화순서는 전이(transient), 마찰(frication), 기식(aspiration) 순으로 이루어진다.

(그림 1) #[s]CV 환경에서의 조음 순서
(Stevens 1999)

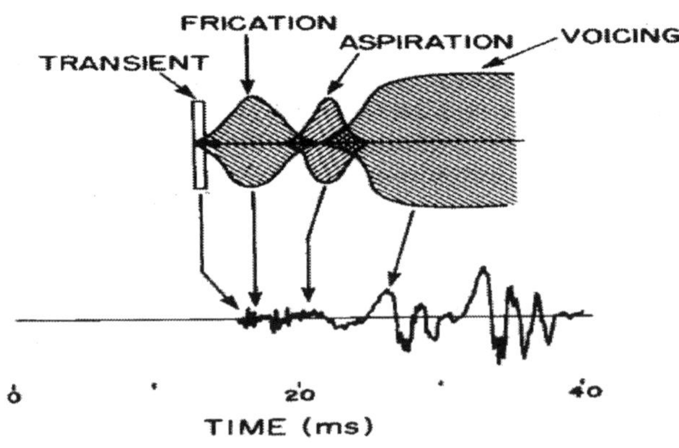

---

12) Lisker & Abramson(1964) 관점에서의 VOT 조사는 조음위치별로 다르게 나타났다. 이는 구강에서의 파열이 혼재되어서 나타난다는 강력한 증거이다.

본 실험에서는 전이와 마찰을 포함하는 부분을 파열구간으로, 기식구간은 VOT 구간으로 구분하였다. 기식구간이 VOT 구간으로 간주되는 배경에는 이를 '유성시작지체'(voice onset delay: Laver 1994)로 보는 시각에 따른 것이다. 이 시각은 파열 이후에 30~40ms에 걸쳐서 성대진동시작이 지연되는 부분을 성대진동의 전 단계로 파악한다.

따라서 파열구간과 기식구간은 명백히 다른 조음기관에 의하여 발생하고 있다. 즉 전이와 마찰은 구강에서 일어나고, 기식은 성문에서 일어난다. 이에 따라, Lisker & Abramson(1964)의 VOT개념을 '파열'과 'VOT'로 나누었다. 본 정의를 따를 경우, 유성 선행(voice lead)이 나타나는 CV 환경의 유성음인 경우 VOT는 유성 선행구간에서 파열구간을 빼주게 됨으로써 음수의 VOT가 된다. VCV 환경의 무성음에는, CV와 마찬가지로 '파열' 구간과 'VOT' 구간 구분이 가능하다. 그러나 유성음인 경우, 이미 선행모음에 의하여 성대진동이 이어지고 있기 때문에, '파열' 구간만이 실측이 가능하다. VC 환경에서는, 유/무성에서 '파열'만이 관측된다. 기식이 구강에서의 파열구간과 분리는 이를 모음구간으로 보려는 연구결과와 맥을 같이한다. Park(2002:95)의 견해는 Fisher-Jørgensen, Fant의 연구결과에 의하여 기식 부분은 모음구간이라고 언급하고 있다.

The phonetic affiliation of aspiration has been controversial in studies of vowel duration. Fisher-Jørgensen(1954) stated, "aspiration is essentially an unvoiced version of the following vowel," which was also accepted by Fant(1958).

이러한 기식 부분을 모음구간으로 간주하는 시각에 의하여, 전이와 마찰의 '파열' 부분과 기식의 'VOT'로 구분하는 본 연구의 방법론은 정당성을 획득할 수 있다.

VCV 환경에서는 접근단계신호(선행모음구간), 폐쇄단계신호(폐쇄구간, 폐쇄 중 유성구간), 개방단계신호(VOT, 파열, 후행모음구간)를 측정하였다. 무성음에서 발견되는 '비주기 에너지'(aperiodic energy)를 파열과 VOT로 구분하였지만, 유성음 중에서 발견되는 이 에너지를 '파열'로만 규정하고 실측하였다. 이는 유성음의 경우 폐쇄단계신호에 이어서 후행모음신호로 이어지는 경우, 폐쇄단계신호가 성대의 떨림으로 이어지기 때문에 VOT는 무의미하다고 보았다.

VC 환경에서는 파열(93%)과 비파열(7%)로 구분하여 조사하였다. VC 파열 환경에서는 접근단계신호(선행모음구간), 폐쇄단계신호(폐쇄구간, 폐쇄 중 유성구간), 개방단계신호(파열)로 나누어서 측정하였다. 파열신호는 엄격한 의미에서, 조그마한 약파열도 모두 파열신호로 규정하여 측정하였다. VC 비파열 환경에서는 접근단계신호(선행모음구간)만을 측정하였다. 본 발화분석을 통하여

1) 각 신호의 측정된 평균값은 어떤가?
2) 각 신호의 표준편차는 어떤가?

3) 각 환경에서의 주요한 신호에는 어떤 것이 있는가?

4) 각 주요 신호 사이에는 유의도의 차이가 존재하는가?

를 전체 환경과 각 환경별로 나누어서 검토하였다.

3.1. 실험방법

3.1.1. 피험자

실험은 미국 출신의 원어민 백인 남성 10명을 대상으로 실시하였다.[13] 그러나 최초 발화자와 녹음에 이상을 발견한 제7 발화자는 분석에서 제외하여, 모두 8명에 대해서만 발화분석을 실시하였다. 한 명을 제외한 대부분의 피험자들은 미국대학의 교환학생으로 연세대학교에서 공부하는 학생들이며, 한국 거주 평균기간은 0.7년이며, 평균연령은 22.1세이고, 그들의 전공은 주로 국제관계학이다. 피험자들의 평균 키는 170~185cm 정도이며, 몸무게는 60~70kg 정도이다. 그들 중에는 한 명만이 흡연하는 것으로 조사되었다. 피험자들에게는 실험수당이 지급되었다.[14] 피험자 정보는 다음과 같다.

---

13) 이중 언어자, 교포들은 포함되지 않았다. 선정과정에서 가정에서 부모가 영어사용, 남성, 3-18세 사이 미국거주, 백인, 현재 20대 초 중반, 중서부, 남부 출신자 위주로 하였다.

14) 재정적인 지원을 한 한국 학술진흥재단에 감사를 표한다.

(표 7) 발화 피험자 정보

연번	발화자	성장지	나이	한국 거주기간	분석여부
1	KE.	Ohio	22	2개월	제외
2	JO.	Mississippi	22	16개월	선정
3	JE.	Oklahoma	21	8개월	선정
4	KR.	Louisiana	19	1개월	선정
5	FI.	California	23	7개월	선정
6	NE.	Utah	20	12개월	선정
7	AN.	Michigan	21	1개월	제외
8	GO.	South Carolina	20	2개월	선정
9	BR.	Iowa	21	2개월	선정
10	GR.	New York	32	18개월	선정

발화자 10명 중에, 평균값에서 상당히 벗어나는 2명은 제외하였다. 분석된 8명 중 어떠한 발화자도 발화 이상으로 보고된 적이 없다.

3.1.2. 발화목록

녹음자료는 CV, VCV, VC의 3개의 환경으로 분류하여, 최소 변별이 이루어지는 단어를 선택하였다.

(3.1) 발화목록

Say ______, again.

pack   back   pad   bad   tap   dap   tag   dag
cap   gap   cad   gad

capper   cabber   tapper   tabber   patter   padder
tadder   tatter   packer   pagger   tacker   tagger

Say _______ .

cap   cab   tap   tab   cat   cad   tat   tad
pack   pag   tack   tag

음운대조를 이루는 파열음들의 어두 및 어중환경을 관측하기 위하여 'Say_______, again', 어말환경을 위하여 'Say_______.' 등 각기 다른 두 개의 제시문을 주었다.[15) 어말환경에서는 '파열'신호를 정확히 측정하기 위하여 측정하고자 하는 단어로 문장을 끝내도록 하였다. 측정 유/무성파열음은 선행모음인 경우는 [æ],

---

15) 발화분석에서 문제가 제기될 수 있는 부분은, 제시문이 어두인 경우 'Say _______, again'이 주어졌는데, 유성어두음이 유성 선행구간 (voice lead)을 갖는 경우 이를 그대로 수용할 수 있느냐 하는 점이다. 즉 이는 선행 'say'에 이어지는 '어중유성화' 현상으로도 볼 수 있기 때문이다. 그러나 'say'와 목표음과는 평균 150ms 이상 떨어져 있고, 유성음 중 유성 선행구간이 나타난 경우는 32%로서 다른 연구의 평균치와 커다란 차이를 보이지 않기 때문에, 이런 한계점에도 불구하고 결과를 그대로 수용하였다.

후행모음은 [ər]로 통일하였다. '고모음'은 의도적으로 회피하였
는데, 이는 혀 높이와 관련 있는 고모음 모음구간이 저모음보다
짧아지기 때문이다(Park 2002).

각 환경별로 유/무성대조를 이루는 12단어씩, 모두 36단어를
측정하였고, 이 중 4단어(dap, cabber, tadder, pagger)는 무의미
한 단어이다. 따라서 분석어휘는 8 화자 * 2 유/무성 * 3 조음위
치 * 3 회반복 * 타위치 파열음 6종류, 계 864 어휘 중 발화 및
녹음상 이상이 발견된 24어휘를 제외한 840어휘가 분석되었다.

3.1.3. 녹음 및 분석과정

목록에 있는 단어들을 주어진 문장 속에 넣어서 3회 반복하여
읽도록 하였다. 발화자들은 방음 처리된 연세대학교 종합관 방송실
에서 헤드폰용 Shure SM10A 마이크[16)]와 Sony DAT, TASCAM
DA-P1을 이용하여 44,100Hz로 녹음하였고, 양자화는 16bit로 하였
다. 이를 Cool Edit 2.0을 이용하여 .wav파일로 전환하였다. 분석은
Praat 4.3(Boersma & Weenink 2005)을 이용하였다. 영어파열음
의 특성을 살펴보기 위하여 접근단계신호(선행모음구간), 폐쇄단
계신호(폐쇄구간, 폐쇄 중 유성구간), 개방단계신호(VOT, 파열,
후행모음구간)를 측정하였다.

---

16) 이 마이크는 단방향, 저-임피던스(low-impedance), 50~15,000Hz
    까지의 음을 포착할 수 있다.

측정 시 스펙트로그램 환경설정은 범위 0~5000Hz, 윈도길이(windowlength) 0.005, 동적 영역(dynamic range)[17]을 35dB로 하였다. 단, 어말 파열 측정에 있어서는 미세한 파열을 관측하기 위하여 동적 영역 범위를 75dB로 하였다.

3.1.4. 측　정

(그림 2) CV 측정 (Kent & Read 2002)

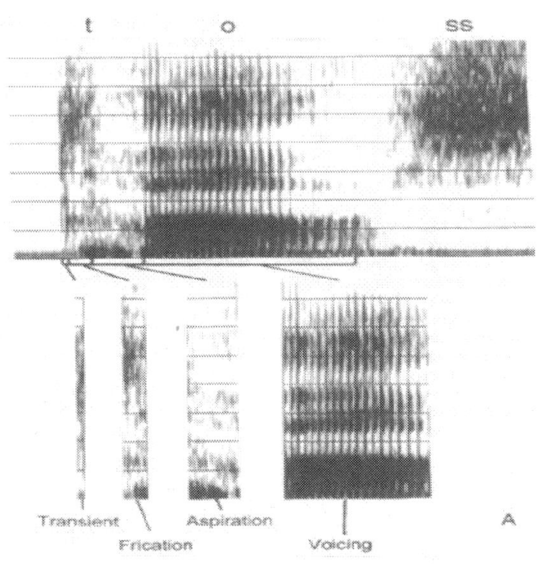

---

17) 신호레벨의 최솟값과 최댓값의 레벨 차를 의미한다. 음향기기의 입력신호에 대한 특성을 나타낼 경우와 정상적으로 동작할 수 있는 영역 범위를 나타낼 경우에 이용되고 있다. 일반적으로 사람 귀의 동적 영역은 약 120dB로 알려져 있다(한국음향학회 2003).

CV 무성음과 유성 후행 유성음인 경우 '전이'와 '마찰'을 '파열' 신호로 규정하고 측정하였고, '기식'을 'VOT' 신호로 규정하여 측정하였다. 각 신호의 측정은 다음의 기준을 따랐다.

(3.2) 측정기준

1. 접근단계신호
   a. 선행모음구간: 모음구간 시작 ∼ 모음구간 종료

2. 폐쇄단계신호
   a. 폐쇄구간: 폐쇄구간 시작∼폐쇄구간 종료

3. 개방단계신호
   a. 파열: 파열구간 시작∼파열구간 종료
   b. VOT: VOT 구간 시작∼VOT 구간 종료
   c. 후행모음구간: 모음구간 시작∼모음구간 종료

3.2. 결 과

전체적인 환경(CV, VCV, VC 파열, VC 비파열)에서, 유/무성 간의 구분을 가져오는 신호들의 평균값과 표준편차를 조사하였다.

(표 8) 전체 환경 시구간신호 평균값 및 표준편차

1. 무성음

	CV		VCV		VC 파열		VC 비파열	
	평균	표준편차	평균	표준편차	평균	표준편차	평균	표준편차
폐쇄구간			48	27	84	39		
파열	20	11	9	8	30	28		
VOT	32	12	11	10				
선행모음구간			119	21	171	33	181	38
후행모음구간	162	33	175	27				

* 단위: ms

2. 유성음

	CV		VCV		VC 파열		VC 비파열	
	평균	표준편차	평균	표준편차	평균	표준편차	평균	표준편차
폐쇄구간			36	17	74	47		
파열	9	4	6	7	30	30		
VOT	-25	50						
선행모음구간			130	20	224	40	234	28
후행모음구간	177	35	185	25				

*단위: ms

위와 같이 측정된 각 신호들에 대하여 유의도를 살펴보았다.

**(표 9) 전체 환경 시구간신호 이원배치 분산분석
(two-way ANOVA)**

환경	종속변수	주 효과				교호작용	
		유/무성		조음위치			
		F(1,278)	p	·F(2,278)	p	F(2,278)	p
CV	파열	238.531	.000	90.907	.000	28.478	.000
	VOT	171.225	.000	.588	.556	.382	.683
	후행모음	13.998	.000	.907	.405	.964	.382
VCV	선행모음	20.808	.000	9.615	.000	2.606	.076
	폐쇄구간	75.016	.000	280.358	.000	30.870	.000
	파열	15.246	.000	27.642	.000	10.116	.000
	VOT			96.399	.000		
	후행모음	13.073	.000	16.126	.000	11.750	.000
VC 파열	선행모음	135.922	.000	4.877	.008	1.673	.190
	폐쇄구간	3.701	.056	7.313	.001	4.584	.011
	파열	.076	.784	19.749	.000	.667	.514
VC 비파열	선행모음	9.331	.008	1.936	.177	.065	.937

각 환경별로 각 신호들의 측정값과 유의도를 살펴보면 다음과 같다.

3.2.1. CV 환경

CV 환경에서의 측정 결과는 다음 표에 제시되어 있다.

<표 10> CV 환경 시구간신호 평균수치

유/무성	조음위치	파열		VOT		후행모음	
		평균	표준편차	평균	표준편차	평균	표준편차
무성	양순음	10	4	26	12	169	31
	치경음	23	10	34	12	160	36
	연구개음	28	10	35	9	157	32
	계	20	11	32	12	162	33
유성	양순음	6	3	-26	51	177	38
	치경음	9	4	-23	49	179	35
	연구개음	11	4	-26	51	176	34
	계	9	4	-25	50	177	35
전체	양순음	8	4	0	46	173	35
	치경음	16	10	5	45	170	37
	연구개음	19	11	4	48	166	34

* 단위: ms

무성음은 파열과 VOT가 길며, 후행모음구간이 상대적으로 짧다. 유성음은 파열과 VOT가 짧으며(혹은 음수의 VOT가 존재하며), 후행모음구간이 상대적으로 길다. '파열'구간은 파열과 마찰부분이 결합된 구간으로 주로 구강에서의 조음기관 개방에 의하여 생긴다. 따라서 유/무성, 조음위치별로 차이가 있었다. 무성음일 경우 평균 20ms, 유성음일 경우는 평균 9ms로 무성음의 파열이 더 길었다. 조음위치별로는 구강 내부에 위치하면 할수록 파열구간은 길었다. 양순음인 경우는 8ms, 치경음은 16ms, 연구개음은 19ms로 나타났다.

본 실험에서 VOT 구간은 '파열' 이후 '성대떨림'이 나타나는 구간이기 때문에, 유성 후행(voice lag)이 나타나는 경우는 기식 구간을 의미하며, 유성 선행(voice lead)이 나타나는 경우는 '파열'구간에서 '유성 선행구간'을 뺀 부분이 측정되므로 '기식'구간은 나타나지 않고 음수의 VOT가 측정된다. VOT수치는 유/무성에 따라 차이가 있었다. 무성음인 경우 VOT는 평균 32ms, 유성음인 경우는 평균 -25ms였다. 음수의 VOT는 성대진동(voicing)이 파열보다 선행하는 경우이다. 이 구간은 화자별로 차이를 보이고 있다.

(표 11) CV 환경 발화자별 VOT 구간 분포

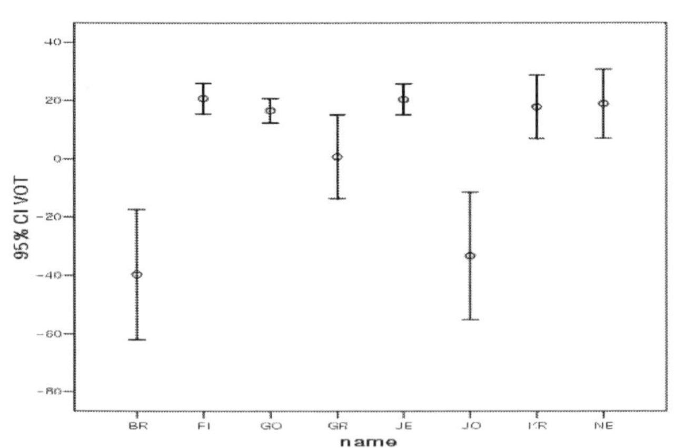

분석된 8명의 발화자 중 5명의 화자는 평균 10~30ms 범위에 이루는 양수의 VOT 값을 지니고 있으며, 2명은 -60ms에서 -10ms에 이루는 음수의 VOT를 보이고, 한 명의 발화자는 -10ms에서 15ms에 이르는 VOT 길이가 보인다. 즉 유성음 중 32%에서만 음수의

VOT가 발견되고 있고, 무성음에는 구현되지 않으며, 조음위치별로는 차이가 없는 것으로 조사되었다. 이는 주로 기식구간으로 이루어진 VOT 신호는 조음위치와는 관계가 없는 것으로 보인다.

그러나 Lisker & Abramson(1964)개념의 VOT(파열＋기식)로 계산했을 때는 유/무성과 조음위치에 대하여 유의미한 차이가 있는 것으로 조사되었다. 이 경우 유성음은 평균 -16ms(표준편차 48ms), 무성음은 36ms(표준편차 24ms)가 되었고, 조음위치별로는 양순음 13ms(표준편차 39ms), 치경음 15ms(표준편차 42ms), 연구개음 27ms(표준편차 45ms)라는 결과가 나왔다. 다른 연구에서도 VOT는 유/무성과 조음위치별로 차이가 있는 것으로 보고되고 있다. Klatt(1975)의 [s]C 겹자음에서 무성 비기식 파열음 연구에서, 양순음 12ms, 치경음 23ms, 연구개음 30ms로 나타난다고 하였다. Azou et al.(2000)은, 영어파열음인 경우 VOT는 무성 양순음의 경우 -46ms에서 85ms, 무성 치경음의 경우 -65ms에서 95ms, 무성 연구개음의 경우 -70ms에서 110ms로 나타났고, 유성 양순음의 경우 -1ms에서 20ms, 유성 치경음의 경우 0ms에서 21ms, 유성 연구개음의 경우 -14ms에서 35ms가 구현된다고 보고하고 있다. 이 연구에 따르면, VOT는 유/무성과 조음위치에 따라 달라진다고 보고 있다.

후행모음구간은 유/무성 간에 차이는 뚜렷하였고, 조음위치별로는 차이가 별로 없었다. 즉 무성음인 경우는 162ms, 유성음인 경우는 177ms로 유성음이 약 15ms 정도 더 길었다. 조음위치별로는, 무성음인 경우 양순음 169ms, 치경음 160ms, 연구개음

157ms, 유성음인 경우 양순음 177ms, 치경음 179ms, 연구개음 176ms로 나타났다.

CV 환경에서의 유/무성과 조음위치에 대하여 유의미한 신호를 알아내기 위하여, 유/무성과 조음위치를 모수요인으로 하고, 폐쇄구간, 파열, VOT, 후행모음구간을 종속변수로 하는 이원배치분산분석(two-way ANOVA)을 시행하였다. 유의도 수준은 0.05로 정하였고, 사후검정은 Scheffé방식을 이용했다.

(표 12) CV 환경 시구간신호 이원배치 분산분석

종속변수	주 효과				교호작용	
	유/무성		조음위치			
	$F(1,278)$	p	$F(2,278)$	p	$F(2,278)$	p
파열	238.531	.000	90.907	.000	28.478	.000
VOT	171.225	.000	.588	.556	.382	.683
후행모음	13.998	.000	.907	.405	.964	.382

파열구간은 유/무성($p<.0001$), 조음위치($p<.0001$), 교호작용($p<.0001$)에 대하여 유의미한 차이를 보였다. VOT 구간은 오직 조음위치($p<.0001$)에 대해서만 유의미한 차이를 보였다. 후행모음구간도 오직 유/무성($p<.0001$)에 대해서만 유의미한 차이를 보였다.

VOT가 유/무성에 대하여 유의미한 차이를 보이지는 않았지만, Lisker & Abramson(1964)의 VOT(파열+기식)로 계산했을 때는 유/무성에 대하여 $F(1, 278)=258.470$, $p<.0001$, 조음위치별로는 $F(2,278)=5.806$, $p=.003$으로 유/무성과 조음위치별로 유의

미한 관계가 있는 것으로 조사되었다.

유/무성과 조음위치의 교호작용에 대하여, 파열만이 교호작용을 갖는 것으로 조사되었다. 즉 파열신호는 유/무성, 조음위치, 그리고 유/무성과 조음위치의 교호작용(interaction effect)에 대하여 모두 유의미한 차이를 보이는 것으로 조사되었다. 이 파열에 대한 프로파일 도표는 다음과 같다.

(표 13) CV 환경 '파열' 프로파일 도표

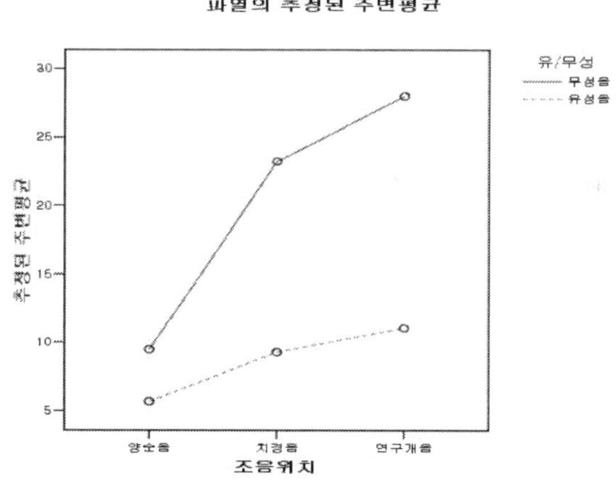

조음위치가 내부인 양순음, 치경음, 연구개음으로 진행될수록, 유/무성 간의 파열간격은 더 벌어진다. 유/무성 간의 파열간격을 살펴보면, 양순음 4ms, 치경음 14ms, 연구개음 17ms로 구강 내부로 들어갈수록 유/무성 간의 파열은 차이가 벌어지는 것으로 보인다.

‘VOT’라는 신호로 명명된 ‘기식’구간은 조음위치와는 관련이 없고, 유/무성과만 관련이 있는 것으로 조사되었다. 이는 기식이 성대에서의 움직임과 밀접한 관계가 있다는 증거이다. CV 환경에서의 사후검정을 Scheffé방식을 이용하여 실시하였다.

<표 14> CV 환경 시구간신호 사후검정비교

	조음위치
파열	연구개음 〉 치경음 〉 양순음
VOT	양순음＝치경음＝연구개음
후행모음구간	양순음＝치경음＝연구개음

* ‘〉’는 ‘유의미하게 한 집단평균이 다른 집단보다 더 크다’의 의미로 사용된 것이며, ‘＝’는 ‘각 집단 사이에 유의미한 평균 차이를 보이지 않는다’는 의미이다.

이 도표에 의하면, 조음위치에 대해서는 ‘파열’만이 각 집단별로 유의미한 차이를 보이며, ‘VOT’와 ‘후행모음구간’은 차이를 보이지 않는 것으로 나타났다.

3.2.2. VCV 환경

VCV 환경에서의 각 신호들의 평균수치와 표준편차는 다음과 같다.

(표 15) VCV 환경 시구간신호 평균수치

유/무성	조음위치	선행모음구간		폐쇄구간		파열		VOT		후행모음	
		평균	표준편차	평균	표준편차	평균	표준편차	평균	표준편차	평균	표준편차
무성	양순음	113	21	71	15	10	5	14	8	166	26
	치경음	124	19	17	11	3	7	1	4	195	23
	연구개음	121	22	59	13	15	8	19	8	162	16
	계	119	21	49	27	9	8	11	10	175	27
유성	양순음	122	20	49	14	8	8			180	26
	치경음	129	19	20	10	4	7			187	23
	연구개음	139	16	38	12	7	7			187	26
	계	130	20	36	17	6	7			185	25
전체	양순음	117	21	60	18	9	7	14	8	173	27
	치경음	126	19	18	11	4	7	1	4	191	24
	연구개음	130	21	48	16	11	8	19	8	176	25

* 단위: ms

전체적인 맥락에서 무성음 363ms, 유성음 357ms로 유/무성음 사이의 전체 길이에는 큰 차이가 없는 것으로 나타났다. 각 시구간신호들을 살펴보면, 선행모음구간은 무성음이 119ms, 유성음이 130ms로 나타나며, 조음위치별로 살펴보면 양순음이 117ms, 치경음이 126ms, 연구개음이 130ms로 유/무성 및, 조음위치별로 차이를 보이고 있다. 폐쇄구간은 무성음이 49ms, 유성음이 36ms로 무성음이 길게 포착되었다. 조음위치별로도 차이를 보이는데, 양순음이 60ms, 연구개음이 48ms인 데 비하여, 치경음은 18ms에 불과하여 '탄설음화'의 영향임을 알 수 있다. 파열구간은 무성음이 9ms, 유성음이 6ms이고, 조음위치별로는 양순음이 9ms, 치경

음이 4ms, 연구개음이 11ms로 나타났다. VCV 환경에서는 무성
음에만 구현되는 VOT는 양순음인 경우는 14ms, 연구개음인 경
우는 19ms인 반면 치경음인 경우 평균 1ms에 불과하였다. 이 환
경에서 VOT 빈도수를 조사한 결과, 33%(45/135)에서 0ms로 관
측되고 있는데, 주로 치경음이었다. VOT가 0ms로 나타나는 무
성음을 조음위치별로 살펴보면, 양순음이 9%, 연구개음이 0%인
반면, 치경음은 91%에 이르고 있다. 이는 주위 모음이 '강약' 환
경에서 치경음이 '탄설음'으로 변화하는 것과 깊은 관계가 있
다.18) 무성음 67%에서 발견되는 'VOT' 신호구간은 평균 17ms
(비VOT 신호를 제외한 경우)이다. 이를 조음위치별로 살펴보면,
연구개음이 19ms, 양순음 15ms로서, 치경음 8ms에 비하여 월등
히 긴 신호구간을 갖고 있음이 확인되었다. 후행모음구간은 무성
음이 175ms, 유성음이 185ms로 나타났다. 조음위치별로는 양순
음 173ms, 연구개음 176ms인 데 비하여 치경음은 191ms로 나타
났다.

　VCV 환경에서의 유/무성과 조음위치에 대하여 유의미한 신호
를 알아내기 위하여, 유/무성과 조음위치를 모수요인으로 하고,
폐쇄구간, 파열, VOT, 후행모음구간을 종속변수로 하는 이원배
치 분산분석을 시행하였다. 그 결과는 다음과 같다.

---

18) 이 치경음의 탄설음화는, 동일한 [æ_ər] 발화환경 때문에 인접모
　　음의 '강약'환경을 피할 수 없었다. 참고로 VCV 발화목록은
　　capper cabber tapper tabber patter padder tadder tatter packer
　　pagger tacker tagger이다.

(표 16) VCV 환경 시구간신호 이원배치 분산분석

종속변수	주 효과				교호작용	
	유/무성		조음위치			
	F(1,272)	p	F(2,272)	P	F(2,272)	P
선행모음	20.808	.000	9.615	.000	2.606	.076
폐쇄구간	75.016	.000	280.358	.000	30.870	.000
파열	15.246	.000	27.642	.000	10.116	.000
VOT*	/////	/////	96.399	.000	/////	/////
후행모음	13.073	.000	16.126	.000	11.750	.000

* VOT는 VCV 환경에서, 유성 파열음에는 존재하지 않기 때문에 유/무성에 대한 이원배치 분산분석은 이루어질 수 없다.

조사결과, 선행모음구간 신호는 유/무성(p<.0001)과 조음위치(p<.0001)에 대하여 유의미한 차이를 보이지만, 교호작용은 없는 것으로 나타났다. 반면, 폐쇄구간은 유/무성(p<.0001)과 위치(p<.0001), 그리고 교호작용(p<.0001)에 대하여 유의미한 차이를 보였다. 파열구간은 유/무성(p<.0001), 조음위치(p<.0001), 교호작용(p<.0001)에 대하여 유의미한 차이를 보였다. 무성음에만 구현되는 VOT는 조음위치(p<.0001)에만 유의미한 차이를 보였다. 후행모음구간은 유/무성(P<.0001), 조음위치(p<.0001), 교호작용(p<.0001)에 대하여 매우 유의미하게 차이를 보이는 것으로 조사되었다. 교호작용에 대하여 유의미하다고 판단된 폐쇄구간, 파열, VOT, 후행모음구간에 대한 프로파일 도표다.

(표 17) VCV 환경 폐쇄구간, 파열, 후행모음, VOT[19]
프로파일 도표

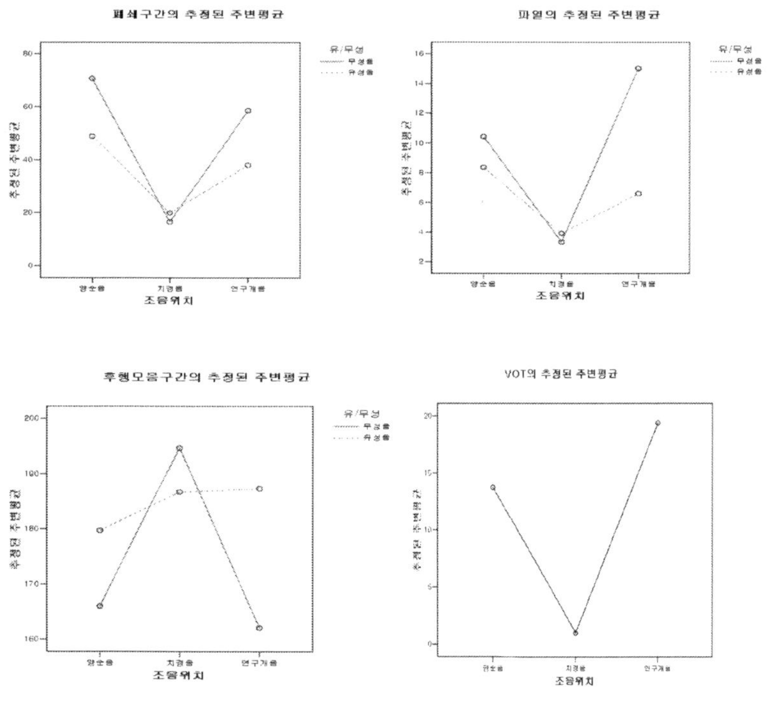

교호작용을 보이는 신호들의 특징은 치경음의 탄설음화가 직접적으로 영향을 미친다는 점이다. 폐쇄구간인 경우 치경음 위치에서는 유/무성구분이 없으며, 폐쇄구간은 20ms 내외에 불과하다. 비치경음인 경우, 무성 양순음은 71ms로 가장 길며, 무성 연구개음 59ms, 유성 양순음이 49ms, 유성 연구개음이 38ms로, 무성음일수록, 그리고 양순음일수록 폐쇄구간이 길었다.

---

19) VCV 환경에서의 VOT는 무성음에서만 구현된다.

파열인 경우, 치경음인 경우 평균 3~4ms로 유/무성 간에 차이를 보이지 않는다. 그러나 조음위치와는 밀접한 관계를 보이는데, 무성 양순음이 10ms, 무성 치경음 3ms, 무성 연구개음이 15ms로 조음위치에 따라 달랐다. 흥미로운 사실은 양순음과 치경음이 상대적으로 유/무성 간에 차이가 없으며, 연구개음은 유/무성 간에 뚜렷한 차이가 존재한다는 점이다. 무성 연구개음이 15ms인 반면 유성 연구개음은 7ms에 불과하였다.

VCV 환경에서는 무성음에만 존재하는 VOT는 연구개음이 19ms, 양순음이 14ms였다. 탄설음화를 일으키는 무성치경음은 평균 1ms에 불과하다. 후행모음구간인 경우 유성음이 185ms로 무성음 175ms보다 평균 10ms 정도 길었다. 탄설음화를 불러일으키는 무성 치경음의 후행모음구간 길이는 195ms로 비치경음에 비하여 약 30ms 정도 길었다.

종합적으로, VCV 환경에서의 사후검정을 Scheffé방식을 이용하여 실시하였다.

(표 18) VCV 환경 시구간신호 사후검정비교

	조음위치
선행모음	연구개음＝치경음 〉 양순음
폐쇄구간	양순음 〉 연구개음 〉 치경음
파열	치경음＝양순음 〉 연구개음
VOT	연구개음 〉 양순음 〉 치경음
후행모음	치경음 〉 양순음＝연구개음

* '〉'는 '유의미하게 한 집단평균이 다른 집단보다 더 크다'의 의미로 사용된 것이며, '＝'는 '각 집단 사이에 유의미한 평균 차이를 보이지 않는다'는 의미이다.

사후검정을 한 결과 폐쇄구간과 VOT는 조음위치별로 다른 집단을 형성하는 것으로 나타났다. 그러나 선행모음구간인 경우 연구개음의 평균과 치경음의 평균은 같은 집단을 형성하며, 파열인 경우 치경음과 양순음, 후행모음구간인 경우 양순음과 연구개음은 같은 집단으로 나타났다.

3.2.3. VC 환경

영어파열음의 VC 환경은 '파열'과 '비파열'로 나눌 수 있다. 그러나 영어 어말 파열의 측정은 많은 논란이 되어 왔다. 본 연구에서 어말 '파열'의 기준은 음향상 다음과 같이 임의로 정하였다.

1) Praat의 동적 영역(dynamic range)을 75dB로 측정한다.
2) 선행모음이 끝난 후 300ms 범위 내에 어떠한 미세한 파열이라도 파형상, 혹은 스펙트로그램상 관측되면 '파열'로 간주한다.

VC 환경은 파열의 여부에 의하여 '파열 환경'과 '비파열 환경' 둘로 나눌 수 있다. 본 조사에 의하면, 277단어 중 255단어(92%)가 파열이 구현되며, 22단어(8%)가 비파열이 되는 것으로 관측되었다. 파열이 되는 단어 중 10ms 이하의 약 파열은 112단어(44%), 11ms~30ms의 중간파열은 58단어(23%), 31ms 이상의 강한 파열은 87단어(34%)로 나타났다.[20]

(표 19) VC 환경 파열 정도

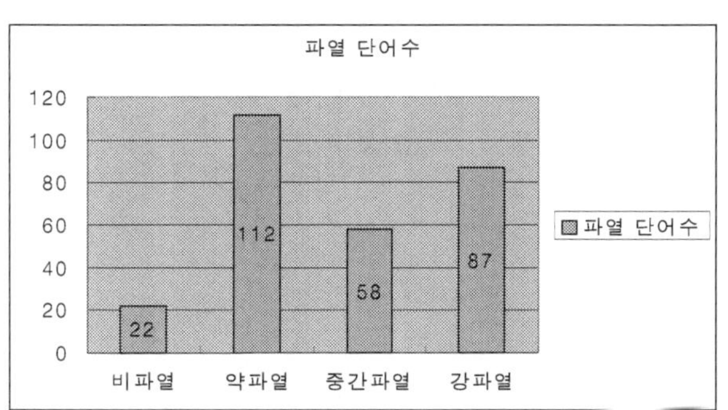

　　본 연구에서는 비파열 환경과, 약파열, 중간파열, 강파열을 포함하는 파열 환경으로 나누어서 조사하였다. 비파열 단어를 유/무성과 조음위치별로 분석하면, 유성음 11개, 무성음 11개로 꼭 같이 50%를 점유하였다. 조음위치별로는 양순음 15개(68%), 치경음 5개(23%), 연구개음 2개(9%)가 비파열이 되는 것으로 조사되었다.

　　파열단어를 조사해본 결과, 무성음 129개(50.4%), 유성음 127개(49.6%)로 유/무성음 간에는 차이가 없는 것으로 나타났다. 조음위치별로는, 양순음 80개(85%), 치경음 86개(95%), 연구개음 90개(98%) 순으로 연구개음의 파열 정도가 컸다. 이는 54,000단어의 TIMIT자료를 조사한 Byrd(1993)연구에서 지적하는, 파열 59.7%, 비파열 40.3%와 비교된다. 이 연구에 의하면, 문장 말에서 유/무성음 간에 파열 정도의 차이는 존재하지 않으며,[21] 조음위치별로는,

---

20) 약파열, 중간파열, 강파열은 임의적인 구분이다.

21) Byrd(1993)의 연구에서도 파열과 유/무성과의 관계는 유의미하지 않는 것으로 보고되었다. 그러나 연구개음은 유/무성과 상당한 연

양순 파열음은 49.5%, 치경음은 57%, 연구개음은 83.1%가 파열되는 것으로 보고하고 있다(p=.0001). 이러한 결과의 차이는 TIMIT 연구는 일반 대화를 분석하였기 때문에 '파열'이 더 적게 구현될 가능성이 크며, 중요한 것은 '파열'의 기준을 무엇으로 잡았는가 하는 점이다. 만약 '파열'이 적게 구현된 것으로 본다면 기준을 다르게 적용했을 가능성도 있다.[22]

두 연구 사이에는 차이가 있지만, 파열에 유/무성구분이 없으며, 조음위치별로, 연구개음이 파열이 가장 많이 일어나고, 치경음, 양순음 순으로 파열이 적게 일어나는 것은 두 연구가 공통으로 지적하고 있는데, 이는 구강 내부 쪽에서의 폐쇄가 파열 직전 공기압이 더 높아 이것이 파열과 직접적인 관련이 있는 것으로 해석할 수 있다.

3.2.3.1. VC 파열

VC 파열 환경에서의 신호별 평균수치와 표준편차는 다음 표와 같다.

관관계가 있는 것으로 보고하고 있다(p=0.482). Crystal & House(1988)의 연구에 의하면, 유성 연구개음은 64.3%, 무성 연구개음은 85.1%가 파열을 하는 것으로 보고하고 있다.

22) Byrd(1993)의 TIMIT 자료연구는 기준이 제시되어 있지 않다.

(표 20) VC 파열 환경 시구간신호 평균수치

유/무성	조음위치	선행모음구간		폐쇄구간		파열	
		평균	표준편차	평균	표준편차	평균	표준편차
무성	양순음	169	34	91	40	23	19
	치경음	184	36	78	45	23	24
	연구개음	160	26	84	29	42	33
	계	171	33	84	39	30	28
유성	양순음	216	42	94	50	23	21
	치경음	231	41	78	53	20	23
	연구개음	224	38	52	25	48	36
	계	224	40	74	47	30	30
전체	양순음	193	45	92	45	23	20
	치경음	207	45	77	49	22	23
	연구개음	191	46	69	32	44	35

* 단위: ms

어말 환경에서는 전체적으로 307~308ms의 길이를 갖는 것으로 나타났다. 유/무성별로는 무성음이 평균적으로 287ms, 유성음이 329ms로 유성음이 절대적으로 길었는데, 이는 주로 선행모음구간에서 차이가 생기기 때문이다. 조음위치별로는 양순음이 308ms, 치경음이 307ms, 연구개음이 306ms로 별 차이를 보이지 않았다.

전체적인 맥락에서, 파열은 연구개음이 압도적으로 길었지만, 선행모음구간은 치경음이, 폐쇄구간은 양순음이 길었다. 파열인 경우 연구개음은 평균 44ms로, 양순음과 치경음 22~23ms에 비하여 2배 이상 길었다. 선행모음구간을 살펴보면, 무성치경음은 184ms로 다른 조음위치에 비하여 15~20ms 정도 길었다. 이는 유성음인 경우도 해당된다. 폐쇄구간인 경우 유/무성을 막론하고 10~20ms 정도 더 길었다.

선행모음구간인 경우 무성음이 171ms, 유성음이 224ms로 유성음이 압도적으로 길었으며, 조음위치별로는 양순음 193ms, 치경음 207ms, 연구개음 191ms로 치경음이 가장 길었다. 폐쇄구간인 경우 무성음인 경우가 84ms, 유성음이 74ms로 무성음이 10ms 정도 길었다. 조음위치별로는 양순음 92ms, 치경음 77ms, 연구개음 69ms로 측정되었다.

파열구간은 유/무성과는 관계가 없는 것으로 조사되었다. 무성음 30ms, 유성음 30ms로 동일하게 측정되었다. 그러나 조음위치별로는 차이가 있는 것으로 측정되었다. 양순음 23ms, 치경음 22ms로 별 차이를 보이지 않았지만, 연구개음인 경우 44ms로 뚜렷한 차이를 보였다. 이 연구개음인 경우 유/무성 파열 간에 차이를 보였다. 무성 연구개음인 경우 파열은 42ms인 반면, 유성 연구개음인 경우 48ms가 관측되었다.

VC 파열 환경에서의 유/무성과 조음위치에 대하여 유의미한 신호를 알아내기 위하여, 유/무성과 조음위치를 모수요인으로 하고, 선행모음구간, 폐쇄구간, 파열을 종속변수로 하는 이원배치 분산분석(two-way ANOVA)을 시행하였다. 그 결과는 다음과 같다.

(표 21) VC 파열 환경 시구간신호 이원배치 분산분석

종속변수	주 효과				교호작용	
	유/무성		조음위치			
	F(1,250)	p	F(2,250)	p	F(2,250)	p
선행모음	135.922	.000	4.877	.008	1.673	.190
폐쇄구간	3.701	.056	7.313	.001	4.584	.011
파열	.076	.784	19.749	.000	.667	.514

선행모음구간은 유/무성(p<.0001)과 조음위치(p=.008)에 대하여 유의미한 차이를 가져오는 신호로 판명되었지만, 두 요인에 대한 교호작용은 없다. 폐쇄구간신호는 유/무성구분에 대해서는 약간의 차이(p=.056)를 가져오나, 조음위치별로는 유의미한 차이(p=.001)를 가져오며, 두 요인에 대한 교호작용도 유의미한 것(p=.011)으로 조사되었다.

파열신호는 유/무성구간에 대해서는 차이가 없지만(p=.784), 조음위치별(p<.0001)로는 의미 있는 차이를 가져온다. 이는 구강 내부 쪽에 조음이 위치하게 되면, 구강 내부 쪽의 폐쇄가 파열 직전 공기압이 더 높아 이것이 파열과 직접적으로 관련이 있는 것으로 해석하고 있다. 교호작용에 유의미하다고 판단되는 '폐쇄구간'의 프로파일 도표이다.

(표 22) VC 파열 환경 폐쇄구간 프로파일 도표

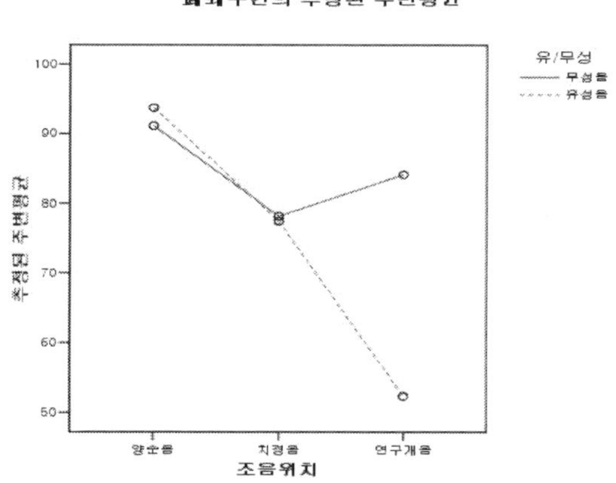

폐쇄구간은 연구개음에서 유/무성 간의 차이가 뚜렷하며, 양순음과 치경음에서는 차이가 없는 것으로 조사되었다. 무성 연구개음은 평균 84ms, 유성 연구개음은 52ms로 그 차는 32ms로 특이성을 보인다. 종합적으로, VC 파열 환경에서의 사후검정을 Scheffé방식을 이용하여 실시하였다.

(표 23) VC 파열 환경 시구간신호 사후검정비교

	조음위치
선행모음	치경음 〉 연구개음 = 양순음
폐쇄구간	양순음 = 치경음 〉 치경음 = 연구개음
파열	연구개음 〉 양순음 = 치경음

* '〉'는 '유의미하게 한 집단평균이 다른 집단보다 더 크다'의 의미로 사용된 것이며, '='는 '각 집단 사이에 유의미한 평균 차이를 보이지 않는다'는 의미이다.

폐쇄구간의 사후검정을 비교한 결과, 양순음과 치경음, 치경음과 연구개음의 2개 군으로 나뉘어졌다. 이는 세 개의 집단이 폐쇄구간 평균상 두 집단으로 나누어지는 것으로 조음위치상 유의미한 차이를 가져온다고 할 수가 없다.

3.2.3.2. VC 비파열

22단어(8%)가 비파열로 나타났다. 발화자별로 분석하면 분석된 8명 중 2명에게서는 비파열이 전혀 관측되지 않았으며, 3명의 발화자에서는 1회씩 검출되었고, JO 5회, BR 6회, GR 8회가 관측되었다. 유/무성으로 구분하면 무성음과 유성음이 각각 50%씩을 점유하였다. 조음상으로는 양순음(85%)과 치경음(95%)이 연구개음(98%)보다 월등히 비파열의 비율이 높았다. 이 결과는 파열/비파열은 유/무성(p=0.671) 여부보다, 조음위치(p=0.000)에 의하여 차이가 나타남을 알 수 있다.

(표 24) VC 비파열 환경 시구간신호 평균수치

유/무성	조음위치	선행모음구간	
		평균	표준편차
무성	양순음	174	32
	치경음	206	54
	연구개음	159	-*
	계	181	38
유성	양순음	227	25
	치경음	262	35
	연구개음	230	-*
	계	234	28
전체	양순음	202	39
	치경음	228	52
	연구개음	195	50

* 표준편차가 나타나지 않는 이유는 연구개음의 비파열이 무성음에서 1회 관측되었기 때문에 편차는 n−1=0으로서 존재하지 않기 때문이다.
** 단위: ms

VC 비파열에 존재하는 시구간신호인 선행모음구간을 비교해 보았다. 유성음은 평균 234ms로 무성음의 181ms에 비하여 길다.

조음위치별로는 치경음이 228ms로 가장 길며, 양순음 202ms, 연구개음 195ms를 보인다.

　VC 비파열 환경에서의 유/무성과 조음위치에 대하여 유의미한 신호를 알아내기 위하여, 유/무성과 조음위치를 모수요인으로 하고, 선행모음구간, 폐쇄구간, 파열을 종속변수로 하는 이원배치 분산분석을 시행하였다. 그 결과는 다음과 같다.

(표 25) VC 비파열 환경 시구간신호 이원배치 분산분석

종속변수	주 효과				교호작용	
	유/무성		조음위치			
	$F_{(1,16)}$	p	$F_{(2,16)}$	p	$F_{(2,16)}$	p
선행모음	9.331	.008	1.936	.177	.065	.937

　선행모음구간에 대한 이원배치 분산분석을 한 결과 유/무성 (p=.008)에 대해서는 유의미한 차이를 보이지만, 조음위치와, 교호작용에는 유의미한 차이를 보이지 않았다. 따라서 조음위치에 대한 사후검정을 실시하지 않았다.

3.3. 정　리

　영어파열음의 각 환경에서의 구현양상은 다음과 같다.

(표 26) 각 환경별 시구간신호별 유/무성특징

	유성음	무성음
CV	짧은 파열/VOT 긴 후행모음	긴 파열/VOT 짧은 후행모음
VCV	긴 선행모음구간 짧은 폐쇄구간 짧은 파열 긴 후행모음구간	짧은 선행모음구간 긴 폐쇄구간 긴 파열/VOT 짧은 후행모음구간
VC 파열	긴 선행모음구간 짧은 폐쇄구간	짧은 선행모음구간 긴 폐쇄구간
VC 비파열	긴 선행모음구간	짧은 선행모음구간

음향실험을 통하여 각 환경별로 유/무성 간의 차이를 살펴보았다. 대체적으로 무성음은 파열/VOT, 폐쇄구간이 길며, 유성음은 모음구간이 길다는 것을 알 수 있다. 이러한 유/무성 차이에 관여하는 시구간신호로는 CV 환경에서 파열, VOT, 후행모음구간이며, VCV 환경에서는 선행모음구간, 폐쇄구간, 파열, VOT(무성음 단독), 후행모음구간이며, VC 환경에서는 선행모음구간과 폐쇄구간이다. 그러나 VC 파열 환경에서의 파열구간은 유/무성 간에 차이를 가져오지 않는 것으로 조사되었다.

제4장 청각실험

청각실험은 각 구간을 유/무성신호로 분리한 다음 이를 각 신호별로 재구성하여, 어떤 반응을 보이는지를 살펴보았다. 이는 발화분석에서 밝혀진 각 시구간신호의 유/무성 간의 유의도가 청각실험에도 그대로 작용하는지를 살펴보기 위함이다.

본 청각실험의 실험목표는 두 가지이다. 우선 각 환경과 조음위치별로 유/무성반응이 다른지를 살펴볼 예정이다. 이는 환경과 조음위치에 의하여 유/무성인지가 달라진다면, 유/무성인지에 선호되는 신호가 달리 있음이 입증되는 것이고, 또한 이 선호신호는 환경과 조음위치에 의하여 달라진다는 의미가 된다.

다음으로 각 신호가 갖는 우수성을 반응 일치도 검사와, 강인도 검사를 통하여 어떤 신호가 우수한지를 살펴볼 예정이다. 반응 일치도 검사란 주어진 환경에서 어떤 시구간신호의 유/무성신호가 최종적인 반응과 일치하는지를 살펴보는 '신호-반응'일치도 연구이다. 이 연구를 통하여, 목표한 신호가 최종 반응에 영향을 미치는 영향력 정도를 알 수 있을 것이다. 또 다른 검사는 신호 강인도 연구이다. 이는 목표된 신호가 어느 단일 유성 혹은 무성 신호로 주어지고, 기타 신호들이 다른 신호들로 주어졌을 때, 이 목표신호가 주위신호들에 차폐(masking)당하지 않고, 자신의 신호와 같은 인지반응을 이끌 수 있는가를 알아보는 것이다. 이는 목표한 신호가 얼마나 강력한지를 살펴볼 수 있다.

결국, 청각실험에서의 두 가지 목표는 발화분석에서 밝혀진 각 신호들이 갖는 유의도가 청각실험에도 그대로 작용하는지를 알아보기 위함이다. 이는 본 연구의 가설인 '발화-인지' 비대칭을 증명하기 위함이다.

4.1. 실험방법

4.1.1. 발화자

청각실험에 사용된 발화자는 미국 출신의 원어민 남성 중에서 가장 유/무성 사이의 음고저 차이가 적은 발화자를 선정하여 표본을 만들었다. 발화자의 정보는 다음과 같다.

(표 27) 표본 발화자 정보

발화자	연령	성장지	한국 거주기간
NE.	20	Utah	12개월

선정이유는 비교적 유/무성 간에 음고저의 차가 작을 뿐 아니라, VCV 환경에서 치경음의 탄설음화 정도가 매우 약하고, 전반적으로 고른 음세기를 지니고 있기 때문이다.[23]

4.1.2. 피험자

이 청각실험은, 발화분석이 끝난 다음에 개별적으로 방음실에서 실시되었다. 이 실험에 참여한 미국 중서부 출신의 원어민 남성 10명 중, 최초 실험자인 제1발화자는 선행연구로 인하여, 분석에서 제외되었다. 분석된 피험자들은 대부분 미국대학의 교환학생으로 연세대학교에서 공부하는 학생들이며, 한국 거주 평균기간은 0.7년이며, 평균 나이 22.1세이다. 그들에게는 실험수당이 지급되었다.

(표 28) 인지실험 피험자 정보

연번	발화자	성장지	분석여부	기타
1	KE.	Ohio	제외	선행연구
2	JO.	Mississippi	선정	
3	JE.	Oklahoma	선정	
4	KR.	Louisiana	선정	
5	FI.	California	선정	
6	NE.	Utah	선정	
7	AN.	Michigan	선정	
8	GO.	South Carolina	선정	
9	BR.	Iowa	선정	
10	GR.	New York	선정	

---

23) 유/무성 사이의 음 고저를 나타내는 F0에는 명백한 차이가 있음은 잘 알려져 왔다(Kingston & Diehl 1994). 즉 무성음은 유성음보다 상대적으로 높은 F0을 갖는다. 만약 유/무성 간에 음고저 차이가 크게 생기는 경우는 쉽게 인지를 할 수 있게 된다. 본 실험은 시구 간신호를 대상으로 한 실험이므로 F0에 대해서는 통제를 하려고 하였다.

청각실험에는 제1피험자를 제외한 모든 사람들의 실험결과가 분석되었다. 실험에 참여한 피험자들 중에 청취상의 문제를 보고한 경우는 없다.

4.2. 실험 과정 및 방법

4.2.1. 실험과정

청각실험을 위하여 각 CV, VCV, VC 파열, VC 비파열 환경별로 Praat을 이용하여 신호를 편집하였다. 이 신호편집이 이루어진 음들은 Alvin(Hillenbrand & Gayvert 2004; 양병곤 2005)을 이용하여 청각실험에 이용되었다. 이 실험에 이용된 시험지는 모두 3장으로 구성하였으며, 각 환경별로 분리되었고, 총 문항 수는 108개이며, 모두 2회씩 반복하여 청취실험을 하였다.

실험은 연세대학교 종합관 방송실 부속 방음실에서 행하였고, 개인별로 실험이 실시되었다. 약 60dB 정도의 소리크기[24]에서, 각 문항당 거의 차이를 두지 않고 유/무성으로 분류된 시험지에 연속적, 강제적으로 선택하도록 하였다. 평균 실험시간은 한 시험지당 평균 3분 정도이며, 약 20분 정도가 소요되었다.

---

24) 음세기(loudness)와 인지와는 밀접한 관계가 있다는 것이 보고되고 있다(Seo 2001).

4.2.2. 신호편집(cue editing)

각 환경에서 어떤 신호들이 인지에 더 영향을 미치는지를 알아보기 위하여 Praat을 이용하여 편집하였다. 신호편집은 CV 환경에서는 pack/back, tap/dap, cap/gap을 선택하여 각각 [pæ]/[bæ], [tæ]/[dæ], [kæ]/[gæ]를 절단하였고, VCV 환경에서는 tapper/dabber, tatter/tadder, tacker/tagger를 선택하여 [æpə:r]/[æbə:r], [ætə:r]/[ædə:r], [ækə:r]/[ægə:r]로 절단하였고, VC 환경에서는 tack/tag, tap/tab, tat/tad를 선택하여 [æp]/[æb], [æt]/[æd], [æk]/[æg]를 가지고 실험을 하였다. 이 실험의 목적은 발화에서의 주요 요인으로 밝혀진 신호들이 과연 청각실험에도 똑같은 역할을 수행하는지를 살펴보았다.

84

(표 29) 인지 실험 신호구성

환경	신호명	신호구성	문항 수
CV	(1)111	(1) 유성 선행(voice lead) + 유성 파열/VOT + 유성 후행모음	8*3(위치별－p/b, t/d, k/g)=24 문항
	(2)110	(2) 유성 선행(voice lead) + 유성 파열/VOT + 무성 후행모음	
	(3)101	(3) 유성 선행(voice lead) + 무성 파열/VOT + 유성 후행모음	
	(4)100	(4) 유성 선행(voice lead) + 무성 파열/VOT + 무성 후행모음	
	(5)011	(5) 무성 폐쇄구간 + 유성 파열/VOT + 유성 후행모음	
	(6)010	(6) 무성 폐쇄구간 + 유성 파열/VOT + 무성 후행모음	
	(7)001	(7) 무성 폐쇄구간 + 무성 파열/VOT + 유성 후행모음	
	(8)000	(8) 무성 폐쇄구간 + 무성 파열/VOT + 무성 후행모음	
VCV	(1)1111	(1) 유성 V1 + 유성 폐쇄구간 + 유성 파열 + 유성 V2	16*3(위치별)=48 문항
	(2)1110	(2) 유성 V1 + 유성 폐쇄구간 + 유성 파열 + 무성 V2	
	(3)1101	(3) 유성 V1 + 유성 폐쇄구간 + 무성 파열/VOT + 유성 V2	
	(4)1100	(4) 유성 V1 + 유성 폐쇄구간 + 무성 파열/VOT + 무성 V2	
	(5)1011	(5) 유성 V1 + 무성 폐쇄구간 + 유성 파열 + 유성 V2	
	(6)1010	(6) 유성 V1 + 무성 폐쇄구간 + 유성 파열 + 무성 V2	
	(7)1001	(7) 유성 V1 + 무성 폐쇄구간 + 무성 파열/VOT + 유성 V2	
	(8)1000	(8) 유성 V1 + 무성 폐쇄구간 + 무성 파열/VOT + 무성 V2	
	(9)0111	(9) 무성 V1 + 유성 폐쇄구간 + 유성 파열 + 유성 V2	
	(10)0110	(10) 무성 V1 + 유성 폐쇄구간 + 유성 파열 + 무성 V2	
	(11)0101	(11) 무성 V1 + 유성 폐쇄구간 + 무성 파열/VOT + 유성 V2	
	(12)0100	(12) 무성 V1 + 유성 폐쇄구간 + 무성 파열/VOT + 무성 V2	
	(13)0011	(13) 무성 V1 + 무성 폐쇄구간 + 유성 파열 + 유성 V2	
	(14)0010	(14) 무성 V1 + 무성 폐쇄구간 + 유성 파열 + 무성 V2	
	(15)0001	(15) 무성 V1 + 무성 폐쇄구간 + 무성 파열/VOT + 유성 V2	
	(16)0000	(16) 무성 V1 + 무성 폐쇄구간 + 무성 파열/VOT + 무성 V2	
VC 파열	(1)111	(1) 유성 V1 + 유성 폐쇄구간 + 유성 파열	8*3(위치별)=24 문항
	(2)101	(2) 유성 V1 + 무성 폐쇄구간 + 유성 파열	
	(3)110	(3) 유성 V1 + 유성 폐쇄구간 + 무성 파열	
	(4)100	(4) 유성 V1 + 무성 폐쇄구간 + 무성 파열	
	(5)011	(5) 무성 V1 + 유성 폐쇄구간 + 유성 파열	
	(6)010	(6) 무성 V1 + 유성 폐쇄구간 + 무성 파열	
	(7)001	(7) 무성 V1 + 무성 폐쇄구간 + 유성 파열	
	(8)000	(8) 무성 V1 + 무성 폐쇄구간 + 무성 파열	
VC 비파열	(1)11	(1) 유성 V1 + 유성 폐쇄구간	4*3(위치별)=12 문항
	(2)10	(2) 유성 V1 + 무성 폐쇄구간	
	(3)01	(3) 무성 V1 + 유성 폐쇄구간	
	(4)00	(4) 무성 V1 + 무성 폐쇄구간	

전체 반응 수: 108 문항(1 시험지) * 2회 (반복횟수) * 9 (참가인원수)=1944

표본 발화자(NE)의 파일에서 환경별(CV, VCV, VC 파열, VC 비파열), 위치별(양순음, 치경음, 연구개음), 유/무성별(유성음, 무성음)로 추출하였다. 이때 각 음에 해당하는 시구간신호들을 추출할 때, 처음과 끝을 '영교차'(zero-crossing)에 두어서 갑작스런 음변화를 방지하도록 하였다. 이 파일들은 본 연구자가 시각적, 청각적으로 확인을 하였다. 각 편집음의 처음과 끝에 50ms 정도의 묵음구간을 두어 갑작스런 소리의 시작과 끝이 유/무성인지에 영향을 주지 않도록 하였다.[25] 편집음의 신호별 스펙트로그램은 본 연구의 부록에 신호명과 함께 수록하였다.

4.2.3. 편집신호 길이

신호편집에 이용된 NE.의 각 신호당 구간 평균값은 다음과 같다.

(표 30) 편집신호 조음위치 및 유/무성별 구간길이

1. CV 환경

조음위치	유/무성	신호명	폐쇄구간	파열/VOT	후행모음구간
양순음	무성음	000	95ms	50ms	100ms
	유성음	111	95ms	15ms	135ms
치경음	무성음	000	95ms	60ms	100ms
	유성음	111	95ms	15ms	120ms
연구개음	무성음	000	95ms	65ms	105ms
	유성음	111	95ms	30ms	125ms

---

25) 만약 묵음구간이 주어지지 않을 경우 음확산(sound spreading)현상에 의하여 유성음으로 판별할 가능성이 큰 것으로 보고되고 있다.

2. VCV 환경

조음위치	유/무성	신호명	선행모음	폐쇄구간	파열/VOT	후행모음
양순음	무성음	0000	110ms	90ms	15ms	105ms
	유성음	1111	130ms	75ms	10ms	135ms
치경음	무성음	0000	85ms	80ms	35ms	140ms
	유성음	1111	95ms	35ms	20ms	150ms
연구개음	무성음	0000	90ms	60ms	50ms	115ms
	유성음	1111	110ms	40ms	35ms	145ms

3. VC 파열 환경

조음위치	유/무성	신호명	선행모음	폐쇄구간	파열
양순음	무성음	000	110ms	100ms	30ms
	유성음	111	130ms	80ms	25ms
치경음	무성음	000	100ms	140ms	35ms
	유성음	111	125ms	125ms	35ms
연구개음	무성음	000	135ms	100ms	30ms
	유성음	111	155ms	55ms	30ms

4. VC 비파열 환경

조음위치	유/무성	신호명	선행모음	폐쇄구간*
양순음	무성음	000	110ms	80ms
	유성음	111	130ms	80ms
치경음	무성음	000	100ms	125ms
	유성음	111	125ms	125ms
연구개음	무성음	000	135ms	55ms
	유성음	111	155ms	55ms

* 유성음인 경우는 폐쇄 중 유성구간을, 무성음인 경우는 폐쇄묵음구간이 주어졌다.

이와 같이 구성된 108개의 신호합성음에 대하여 Alvin 프로그램을 이용하여 인지실험을 실시하였다.

4.2.4. 실험절차

Praat으로 편집된 108개의 음에 대하여 Alvin[26]을 이용하여 청각실험을 하였다. 일반석으로 청각실험은 어떤 음성의 쌍을 들려주고 이들이 같은지 다른지를 구별하는 구별실험(discrimination test)과 두 개의 서로 다른 음성을 연이어 들려준 뒤 어느 발음인지 확인하게 하는 판별실험(identification test)이 있다. 본 연구의 청각실험은 판별실험에 가깝지만, 서로 다른 음성으로 조합된 것이 아니라, 신호로 조합되었기 때문에, 약간 성격이 다른 판별실험이라고 할 수 있다.

본 판별실험에서, 청자들은 한 번에 한 자극씩을 듣고, 유/무성으로 판별하도록 하였고, 어떤 소리인지 확신이 없으면 추측을 하도록 하였다. 본 실험은 제한선택 시험(forced choice test)라고 할 수 있는데, 이는 피험자들에게 제한된 응답(예: b, p 중 택 1)만을 하도록 강요하였기 때문이다.

여러 가지 심리학 실험용으로 제작된 Alvin 소프트웨어는 다양한 실험 프로그램을 갖고 있다. 이중 청취 실험을 하기 위하여,

---

26) Alvin을 한국어로 재구성한 프로그램이 Kalvin(양병곤 2005)이다. Alvin 및 Kalvin 사용에 대하여 도움을 주신 양병곤 교수님(부산대학교)께 감사를 드린다.

‘화일 작동’(play directory)을 이용하여 Praat으로 제작된 편집음들을 Alvin으로 끌어들여서 실험에 들어갔다. 실험은 방음 처리된 방송실에서 본 연구자와 피험자가 참석하였고, 본 연구자는 Compaq Armada M700 노트북 컴퓨터를 이용하여 Alvin 프로그램을 가동하였다. 이때 피험자와 컴퓨터와의 거리는 약 50cm이고, 컴퓨터로부터 들리는 소리는 약 60dB 정도로 소리를 구분하는 데는 아무런 장애가 없는 상태이다.

실험시작 전에 각 환경별(CV, VCV, VC 파열, VC 비파열)로 구분된 시험지 4종류가 주어졌고, 각 시험지당 문항 수는 각 환경별로 24, 48, 24, 12문항이다. CV, VCV, VC 파열, 비파열로 이루어진 시험이 1회 끝나면, 2분 뒤에 다시 2차 시험이 반복되었다. 따라서 같은 종류의 실험을 2회 반복하였다. 이때 각 환경 사이에는 약 1분 정도의 휴지기간을 두었지만, 문항과 문항 사이에는 어떠한 휴지기간도 주지 않았다. 즉 본 연구자가 Alvin에 있는 파일을 순서대로 클릭하였고, 피험자는 여기에 맞추어서 의무적으로 반응을 표시하였다.

파일의 순서는 무성신호로 시작하여 유성신호로 종료된 비무작위 추출법을 사용하였다.27) 이는 편집음 파일에 무성신호에 ‘0’

---

27) 본 청각실험의 특징 중의 하나는 무작위 신호혼합으로 제시음이 주어지지 않았다는 점이다. 즉 ‘폐쇄구간 + VOT + 후행모음구간’을 나타내는 CV상의 신호가 주어질 때, ‘무성신호 + 무성신호 + 무성신호’, ‘무성신호 + 무성신호 + 유성신호’ 등으로 무성신호에서 유성신호로 주기적으로 혼합이 이루어졌다(예: 신호순 000, 001, 010, 011……). 간혹 피험자의 추측을 유발할 수 있다는 지적이 있지만, 신호음이 총 102개로 비교적 광범위하고, 신호음도 한 신호

을 부여하였고, 유성신호에 '1'을 부여하였기 때문에, Alvin 프로
그램은 무작위로 '혼합'하지 못하고 숫자가 적은 순서에서 많은
순서대로 차례대로 시행되었다. 예를 들어, CV 환경에서는 다음
과 같은 순서대로 실험이 이루어졌다.

(4.1) CV 환경 연구개음(k/g) 실험의 예

(1) 무성 폐쇄구간 + 무성 파열, VOT + 무성 후행모음
    (000.wav)

(2) 무성 폐쇄구간 + 무성 파열, VOT + 유성 후행모음
    (001.wav)

(3) 무성 폐쇄구간 + 유성 파열, VOT + 무성 후행모음
    (010.wav)

(4) 무성 폐쇄구간 + 유성 파열, VOT + 유성 후행모음
    (011.wav)

(5) 유성 폐쇄구간(voice lead) + 무성 파열, VOT + 무성 후행
    모음 (100.wav)

(6) 유성 폐쇄구간(voice lead) + 무성 파열, VOT + 유성 후행
    모음 (101.wav)

(7) 유성 폐쇄구간(voice lead) + 유성 파열, VOT + 무성 후행

음씩 변하기 때문에, 피험자의 추측이 어려울 것으로 보여 실험을
진행하였고, 기존의 인지실험의 하나인 VOT 실험결과도 시험 제
시의 순서는 관계가 없는 것으로 보고되었다(Liberman *et al.*
1958).

모음 (110.wav)

(8) 유성 폐쇄구간(voice lead) + 유성 파열, VOT + 유성 후행
모음 (111.wav)

좀더 정확한 인지 실험을 위하여, 피험자들에게 유성신호, 무성신호로만 구성된 분절음을 5차례 들려준 다음 실험에 들어갔다. 이를 통하여 피험자들은 인지실험에 적응하는 시간을 갖도록 하였고, 시간의 흐름에 의하여 생기는 청취상의 차이를 줄이려고 하였다.

실험의 시작 전에 다음과 같은 고지가 주어졌다.

1. Please choose one out of two in each question.
2. When you make an error, I will restart the given question
   if you tell me.
3. You will have 1 minute pause among each test.

대부분 피험자들은 정확히 실험을 수행하였고, 실험에 매우 적극적이었다.

4.3. 결　과

청각실험의 결과는 다음과 같다.

(표 31) 유/무성 신호구성 및 반응

환경	신호명	무성반응		유성반응	
		반응 수	백분율	반응 수	백분율
CV	000	54	100	0	0
	001	20	37	34	63
	010	40	74	14	26
	011	0	0	54	100
	100	44	82	10	18
	101	40	74	14	26
	110	13	24	41	76
	111	0	0	54	100
VCV	0000	52	96	2	4
	0001	35	65	19	35
	0010	33	61	21	39
	0011	27	50	27	50
	0100	43	80	11	20
	0101	34	63	20	37
	0110	26	48	28	52
	0111	26	48	28	52
	1000	31	57	23	43
	1001	27	50	27	50
	1010	13	24	41	76
	1011	13	24	41	76
	1100	23	43	31	57
	1101	16	30	38	70
	1110	9	17	45	83
	1111	9	17	45	83
VC 파열	000	52	96	2	4
	001	34	63	20	37
	010	42	78	12	22
	011	49	91	5	9
	100	19	35	35	65
	101	15	28	39	72
	110	32	59	22	41
	111	1	2	53	98
VC 비파열	00	45	83	9	17
	01	44	81	10	19
	10	19	35	35	65
	11	8	15	46	85

92

각 신호명의 '0'과 '1'은 각각 무성신호와 유성신호를 나타낸다. 예를 들어 CV 환경에서 '110'은 '유성 선행(voice lead) + 유성 파열/VOT + 무성 후행모음구간'으로 이루어진 음신호가 주어졌다는 의미이다. 또한 '011'은 '무성 폐쇄묵음 + 유성 파열/VOT + 유성 후행모음구간'으로 이루어진 신호가 주어졌다는 뜻이다. 이러한 음 신호에 대하여 유/무성반응 개수와 백분율을 정하였다.

각 신호당 100%에 해당하는 반응 수는 54개이다. 이는 9(피험자) × 2(실험횟수) × 3(조음위치)=54개로 산출된다. 따라서 총 반응 수는 36(총 신호 수) × 54(1신호당 반응 수)=1944개의 반응에 대하여 검토를 하였다. 총 반응 수 1944개에 대하여 무성음반응 987개(50.8%), 유성음반응 957개(49.2%)로 서로 비슷하게 인지하는 것으로 조사되었다.

다음은 피험자의 유/무성반응에 대하여 조사하였다.

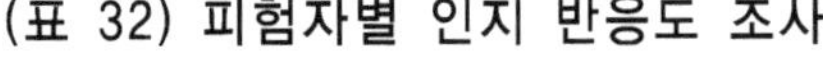

(표 32) 피험자별 인지 반응도 조사

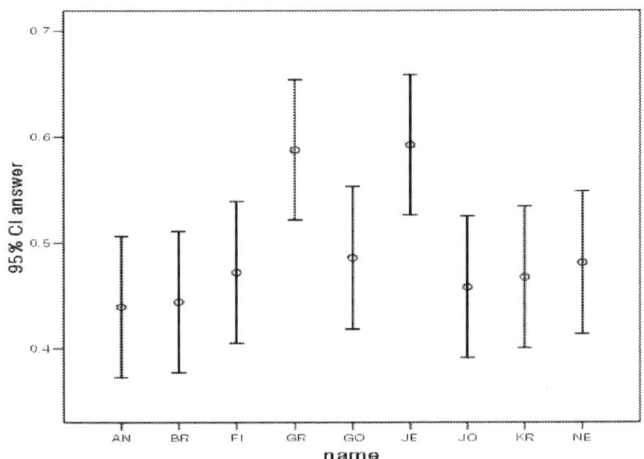

위 도표에 의하면, 9명의 피험자 중 7명의 피험자는 평균 0.45
의 반응도를 보임으로써, 무성음반응이 많은 것으로 조사되었
다.[28] 나머지 두 피험자는 평균 0.58로 유성음반응이 많았다. 즉
이는 전체적인 평균에서 유/무성반응은 비슷하지만, 대체적으로
무성음반응이 많음을 의미한다.

4.3.1. 환경별 인지

우선, 순수 무성음이나 순수 유성음이 각 환경별로 제대로 인
지가 되는지를 알아보는 유/무성 환경별 인지조사를 하였다. 각
환경별로 '00', '000', '0000'으로 이루어진 신호음과 '11', '111',
'1111'로 이루어진 신호음에 대하여 피험자의 반응을 조사해 보았
다. 그 결과 CV 환경 100%, VCV 환경 89%, VC 파열 환경
97%, VC 비파열 환경 84%의 정인지율[29]을 보였다.

이 인지결과에 의하면, VC 비파열이 상대적으로 유/무성구분
이 어려우며, VCV, VC 파열, CV 환경에서는 상대적으로 음대
조가 흔들리지 않음을 보여주고 있다. 그러나 VCV 환경[30]은
VC 파열이나 CV에 비하여 약 10% 정도의 인지율이 떨어지고

---

28) '0'의 반응에 가까우면 '무성음', '1'의 반응에 가까우면 '유성음'반응
   이 많은 것이다. 평균 0.45는 무성음반응이 유성음보다 5% 정도
   더 많다는 의미이다.
29) 주어진 반응에 올바르게 유/무성으로 구분한 비율이 정인지율이다.
30) VCV 환경의 치경음은 '탄설음화'가 배제된 고유 파열음 형태의
   t/d이다.

있음을 알 수 있다. 이는 전체적으로 인지의 순서가 'CV 〉 VC 파열 〉 VCV 〉 VC 비파열 환경'임을 알 수 있다.

이 실험결과는 신호 수가 가장 많이 구현되는 VCV 위치보다 신호 수는 적지만, VOT나 파열구간이 비교적 양호하게 구현되는 CV 환경과 VC 파열 환경에서 더 유/무성구분이 잘 일어나고 있음을 보여주고 있다. 이는 신호 수와 유/무성관계보다는 인지상의 신호정보 질과 유/무성관계가 더 밀접함을 의미할 수 있다.

다음으로, 환경별로 유/무성인지가 어떻게 달라지는지를 살펴 보았다. CV 환경과 VCV 환경에서는 유성음인지가 상대적으로 많고, VC 파열 환경과 VC 비파열 환경에서는 무성음인지가 많 았다. CV 환경에서는 총 432반응 중 210개(48.6%)가 무성음으 로, 222개(51.3%)는 유성음으로 반응을 보였다. VCV 환경에서 는 864반응 중 417개(48.2%)가 무성음으로, 447개(51.7%)가 유 성음으로 반응을 보였다. VC 파열 환경에서는 총 반응 수 432개 에 대하여, 무성음반응 244개(56.4%), 유성음반응 188개(43.5%), VC 비파열 환경에서는 총 반응 수 216개에 대하여, 무성음반응 116개(53.7%), 유성음반응 100개(46.2%)였다.

이 사실을 종합해 보면, CV 환경과 VCV 환경에서는 유성음 반응이 약간 우세하며, VC 파열 환경과 비파열 환경에서는 무성 음반응이 우세하다고 할 수 있다. 이는 최종 시구간신호가 모음 인 경우(CV, VCV)는 유성음으로, 파열(VC 파열)이나 폐쇄신호 (VC 비파열)인 경우는 무성음으로 인지한다고 볼 수 있다.

4.3.2. 조음위치별 인지

총 반응 수 1944개에 대하여 조음위치별로 차이가 있는지 조사해 보았다. 그 결과 조음위치와 유/무성반응과는 대단히 밀접한 관계가 있다는 것이 밝혀졌다. 전체적인 환경에서, 양순음은 유성음반응이 많으며, 치경음과 연구개음은 무성음반응이 많았다. 양순음인 경우 무성음반응이 272개(41.9%), 유성음반응이 376개(58.1%)로 유성음반응이 많았다. 치경음인 경우 무성음반응이 370개(57%), 유성음반응이 278개(43%), 연구개음인 경우 무성음반응이 345개(53.2%), 유성음반응이 303개(46.7%)로 무성음반응이 훨씬 더 많았다.

(표 33) 피험자별 조음위치별 유/무성인지

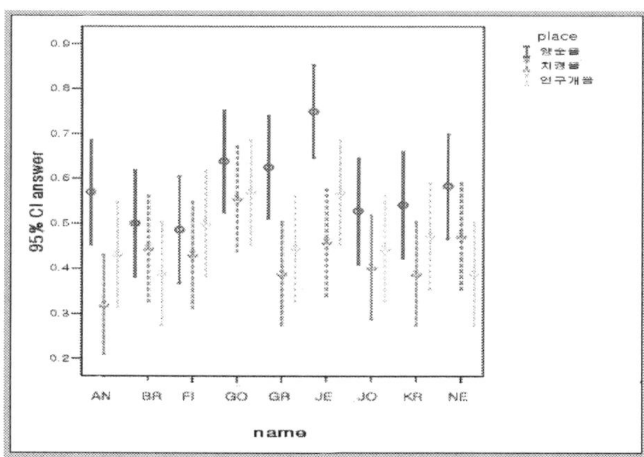

위 도표에 의하면, 보편적으로 양순음은 유성음으로, 치경음은 무성음으로 인지하려는 경향이 강하며, 연구개음은 유/무성인지의 가운데에 위치한다. 개별적인 환경에서 조음위치별로 유/무성인지 간의 관계를 살펴보았다. CV 환경에서 양순음 반응 수 144개중에서 무성음반응 80개(55.5%), 유성음반응 64개(45.5%), 치경음은 무성음반응 65개(45%), 유성음반응 79개(55%), 연구개음은 무성음반응 65개(45%), 유성음반응 79개(55%)가 나왔다. CV 환경에서는 양순음은 무성음으로, 치경음과 연구개음은 유성음으로 인지하려는 경향이 강했다.

VCV 환경의 864개 반응 중 조음위치별로는 각각 288개를 차지한다. 양순음 288개 반응 중 무성음반응은 88개(30.5%), 유성음반응은 200개(69.4%)로 유성음인지가 월등했으며, 치경음은 무성음반응 140개(48.6%), 유성음반응 148개(51.4%)를 보였고, 연구개음은 무성음반응 189개(65.6%), 유성음반응 99개(34.3%)를 보였다. VCV 환경에서는 양순음은 유성음으로, 연구개음은 무성음으로 인지하려는 경향이 강했다.

VC 파열 환경의 총 반응 수는 432개이며, 조음위치별로는 각각 144개씩이다. 양순음인 경우 무성음반응 73개(50.6%), 유성음반응 71개(49.4%)이며, 치경음인 경우 무성음반응 115개(79.8%), 유성음반응 29개(20.1%), 연구개음인 경우 무성음반응 56개(38.8%), 유성음반응 88개(61.1%)로 나타났다. 따라서 VC 파열 환경에서는 치경음은 무성음으로 인지하려는 경향이 절대적으로 강하며, 연구개음은 유성음으로 인지하려는 경향이 강하다.

VC 비파열 환경의 총 반응 수 216개 중에서, 각 환경별로 구현되는 72개를 분석하였다. 양순음은 무성음반응 31개(43%), 유성음반응 41개(57%), 치경음은 무성음반응 50개(69.4%), 유성음반응 22개(30.6%), 연구개음은 무성음반응 35개(48.6%), 유성음반응 37개(51.4%)를 차지하였다. 따라서 이 환경에서는 양순음은 유성음으로, 치경음은 무성음으로 인지하려는 경향이 강하였다.

4.3.3. 신호별 인지

4.3.3.1. 조사방법

본 실험을 통하여 반응 일치도와 강인도를 찾아보았다. 반응 일치도 조사는 주어진 신호와 최종 반응과의 일치를 알아보는 방법으로 신호의 영향력을 측정할 수 있다. 신호 강인도 조사는 주어진 신호가 다른 신호들에 차폐당하지 않고 반응을 이끌어 낼 수 있는가 하는 검사로, 주어진 신호가 얼마나 강한가를 측정할 수 있다.

반응 일치도 조사는, 편집음의 신호에 무성신호 혹은 유성신호를 준 다음, 그 반응결과와 비교하였다. 예를 들어 VCV 환경에서, 접근단계신호인 선행모음구간에 무성신호를 준 다음, 다른 신호인 폐쇄단계신호 및 배경신호에는 무성신호, 유성신호를 순서대로 바꾸어가면서 음을 구성하였고, 그 편집음이 무성음, 혹은 유성음으로 어떠한 반응을 보이는지를 알아보는 청각실험을 하였다. 따라서 모든 신호가 조사대상이 되었다.

조사방식은 목표된 신호에 주어진 유/무성과 똑같은 반응을 보이면 이 신호에 점수를 주는 방식을 사용하였다. 예를 들어, '유성 선행폐쇄구간 + 무성 VOT + 유성 후행모음'이 주어졌을 때, 유성음으로 인지하면 유성 선행모음신호에 가점이 주어진다. 그러나 만약 무성음으로 인지하면 이 신호에는 어떠한 점수도 주어지지 않았다. 일치도 검사의 예는 다음과 같다.

**(표 34) 신호 일치도 검사의 실제 예(CV 환경 양순음 –파열/
VOT 신호 일치도 검사)**

검사대상 신호명	신호구성	반응유형		일치(백분율)***
		유성	무성	
000*	무성폐쇄+무성파열/VOT**+무성V2	0	100	100
001	무성폐쇄+무성파열/VOT**+유성V2	63	37	37
010	무성폐쇄+유성파열/VOT**+무성V2	26	74	26
011	무성폐쇄+유성파열/VOT**+유성V2	100	0	100
100	유성폐쇄+무성파열/VOT**+무성V2	18	82	82
101	유성폐쇄+무성파열/VOT**+유성V2	26	74	74
110	유성폐쇄+유성파열/VOT**+무성V2	76	24	76
111	유성폐쇄+유성파열/VOT**+유성V2	100	0	100

* 신호명에 '0'은 무성음, '1'은 유성음을 의미한다. 따라서 '000'은 세 구간이 모두 무성음신호로 주어졌다는 의미이다.
** 굵은 볼드체 표시는, 주어진 신호가 일치도 검사의 대상이라는 의미이다.
*** 단위는 %이다.

신호 일치도 검사는 주어진 신호와 최종 반응과의 관계를 중점으로 살핀다. 예를 들어, 위의 도표에 의하면 '무성 폐쇄 + 무성파열/VOT + 무성 V2'로 이루어진 신호명 '000'에서 무성 파열/VOT의 일치도는 100%이다. 이는 이 무성 파열/VOT와 최종 반응인 무성음과의 일치도가 100%라는 의미이다. 다른 예로서, '무성폐쇄 + 유성 파열/VOT + 무성 V2'로 이루어진 신호명 '010'의 일치도는 26%이다. 이는 유성 파열/VOT와 최종 반응인 유성음과의 일치도가 26%라는 의미이다.

이러한 각 조음위치별 검사가 환경별로 이루어졌다. 예를 들어, CV 환경의 무성 파열/VOT의 일지도를 검사하기 위해서 3(조음 위치) * 4(CV 환경 양순음에서 출현되는 파열/VOT 신호횟수) * 9(피험자) * 2(실험횟수)=216개의 반응이 조사대상이다. 위 도표에 의하면, CV 환경에서 파열/VOT 신호가 반응의 유/무성과 일치하는 비율은 평균 74%이다. 유/무성으로 구분하면, 무성 VOT는 73%, 유성 VOT는 75%로 서로 비슷한 비율을 차지하였다.

신호 일치도 검사가 목표신호와 다른 신호들이 유성신호인지 무성신호인지 고려하지 않고 최종 반응과의 일치 여부를 고려하는 반면에, 강인도 검사는 다른 신호들이 목표신호의 유/무성과 완전히 다른 신호가 주어졌을 때, 이 목표신호와 반응 일치도를 살폈다. 즉 강인도 검사는 목표신호에 특정 유/무성이 주어지고, 다른 신호들에는 이 목표신호와 전혀 다른 유/무성이 주어졌을 때, 목표신호가 나머지 신호들의 유/무성성에도 불구하고 자신이 지니는 유/무성성 반응을 이끌어 낼 수 있는가 하는 실험이다. 따라서 이 검사는 목표신호가 지니는 강력함을 잘 알 수 있다.

**(표 35) 신호 강인도 검사의 실제 예(CV 양순음 – 파열/
VOT 신호 강인도 검사)**

신호번호	신호구성	최종 반응과의 일치비율
010	무성폐쇄+유성파열/VOT*+무성V2	26
101	유성폐쇄+무성파열/VOT*+유성V2	74

* 볼드체 부분은, 해당 신호의 강인도를 조사한다는 의미이다.

　이 검사는 하나의 유/무성 신호와 이외의 두 개의 다른 유/무성신호로 구성된다. 따라서 검사대상은 각 유/무성 환경당 3개씩이다. 예를 들어 CV 환경에서의 무성 파열/VOT인 경우 3(조음위치) * 9(피험자 수) * 2(실험횟수) =54개의 반응이 조사대상이다. 위 예에서 무성 파열/VOT의 강인도는 74%, 유성 파열/VOT의 강인도는 26%가 나왔다. 무성 파열/VOT 강인도 74%의 의미는, 무성 파열/VOT에 의하여 무성음인지를 이끌어내는 경우는 74%이고, 유성 폐쇄음이나, 유성 후행모음으로 유성음반응을 이끄는 경우는 26%에 불과하다는 뜻이다. 따라서 무성 파열/VOT의 신호의 강력함을 백분율로 알 수 있다. 반면에 유성 파열/VOT는 강인도가 26%에 불과함으로써, 무성 폐쇄구간 및 무성 후행모음구간에 차폐당하는 비율이 74%에 이르는 것으로 조사되었다. 이는 유성신호로 주어지는 파열/VOT 구간은 약한 신호임을 알 수 있다.

4.3.3.2. 조사결과

환경별로 신호정보의 질을 조사한 결과, 영어파열음의 인지상 가장 일치도가 높은 신호는 접근단계신호(선행모음구간)와 개방단계신호(파열, VOT, 후행모음구간)라는 것이 밝혀졌다. 전체적으로, 선행모음구간에 의한 반응과의 일치도는 74%로 가장 높았고, VOT/파열이 65%, 후행모음구간 63%, 폐쇄구간의 신호 일치도는 54%가 나왔다. 따라서 상위범주인 접근단계신호, 폐쇄단계신호, 개방단계신호로 분류가 될 때, 두 개의 시구간신호를 보유한 개방단계신호가 가장 우수한 신호로 나타났고, 폐쇄단계신호는 일치도가 떨어지는 것으로 나타났다. 주요 신호 반응 일치도[31]를 도표로 나타내면 다음과 같다.

---

34) 수치로 나타내면 다음과 같다. (최대치: 무성음인지 50%, 유성음인지 50%, 계 100%)

	CV		VCV		VC 파열		VC 비파열		평균		계
	무성	유성	무성	유성	무성	유성	무성	유성	무성	유성	
폐쇄구간	26	29	27	28	28	21	30	26	28	26	54
VOT/파열	36	38	30	32	34	27			33	32	65
선행모음구간			32	34	41	35	41	38	38	36	74
후행모음구간	35	36	27	28					31	32	63

(표 36) 주요 신호 반응 일치도

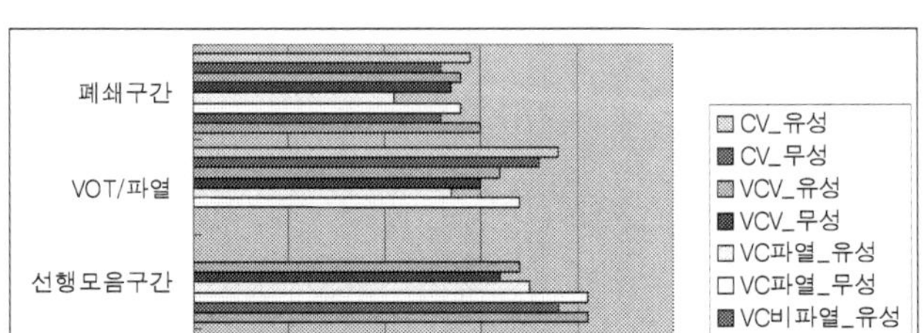

　　각 신호의 유/무성과 반응의 유/무성 일치도를 조사해 봤을 때, 전체적으로, 유/무성 간에 차이는 없는 것으로 나타났다. 그러나 각 환경에 구현되는 신호별로는 상당한 차이를 보였다. CV 환경에서는 구현되지 않지만, 선행모음구간신호가 74%(무성음 평균 38% + 유성음 평균 36%)로 단일신호로는 가장 우수한 신호로 나타났다. 즉 선행모음구간이 무성 혹은 유성이 주어졌을 때, 다른 신호들이 어떻게 나오든지 간에 이 신호와 동일하게 반응을 보이는 비율이 74%이다. 그 뒤를 이어서, VOT/파열이 65%(무성음 평균 33% + 유성음 평균 32%)를 차지하였다. 후행모음구간은 63%, 폐쇄구간은 54%로 비교적 낮은 인지율을 기록하였다. 그러나 단일신호를 벗어나 상위범주인 '접근-폐쇄-개방'으로 나누었을 때, 파열/VOT 신호와 후행모음구간신호를 포함하는 개방단계신호가 가장 월등한 신호임을 알 수 있다. 즉 개방단계신호는 영어파열음 인지에 있어서 가장 강력한 신호임에는 틀림이 없다.

각 환경별로 어떤 신호가 반응과의 일치도가 높은지 살펴보았다. CV 환경에서는 개방단계신호인 파열/VOT 신호가 74%, 후행모음신호가 71%, 폐쇄구간(유성 선행구간과 폐쇄묵음구간)이 55%의 비율을 보여 파열/VOT 신호의 반응과의 일치도가 가장 높았다. VCV 환경에서는 선행모음구간이 66%, 폐쇄구간 55%, 파열/VOT 구간 61%, 후행모음구간 55%의 일치도를 보여, 선행모음구간이 반응과의 일치도가 가장 높은 것으로 조사되었다. VC 파열 환경인 경우 선행모음구간이 76%, 파열구간이 61%, 폐쇄구간이 49%로 선행모음구간에 의한 반응 일치도가 가장 높았다. VC 비파열 환경인 경우 선행모음구간 79%, 폐쇄구간 56%의 일치도를 보였다.

전반적으로 유성신호와 무성신호로 구분하면, 목표신호에 유성신호를 주었을 때 유성음인지와 무성신호를 주었을 때 무성음인지에는 환경적으로 약간 다르게 나타났다. CV와 VCV 환경에서는 무성음보다는 유성음으로 인지하는 비율이 약간 높았고, VC 파열 환경과 비파열 환경에서는 유성음보다는 무성음으로 인지하는 비율이 높았다. 이는 인지상 모음구간으로 끝나는 분절음은 유성음으로, 폐쇄구간이나 파열구간으로 끝나는 분절음은 무성음으로 인지하는 경향이 있음을 보여주고 있다. 이 결과는 어말 무성음화 현상이 조음적으로 이 환경에서 유성음특징이 구현되기 어렵기 때문에 중화현상이 일어난다고 지적할 수도 있지만, 인지적으로도 후행모음이 결핍이 될 때, 유/무성 간에 대조가 상실되어, 무성음화현상을 가져올 수 있다는 점을 시사해준다.

신호 강인도 검사는 동일한 하나의 신호가 다른 신호에 대하여 차폐되지 않고, 자신의 지위를 유지하는지를 알아보는 조사이다. 예를 들어, CV 환경에서, 세 가지 신호에 대하여, 동일한 두 가지 신호와 다른 한 가지 신호를 주었을 때, 이 하나의 신호가 두 개의 다른 신호를 이겨내고 이 하나의 신호와 동일한 반응을 이끌어낼 수 있는지를 조사하였다. 예를 들어, 폐쇄단계신호를 유성신호로 주고, VOT와 후행모음구간을 무성신호로 주었을 때, 피험자가 유성음으로 인지하면 폐쇄단계신호에 대하여 강인도 점수[32]를 주었고 이를 종합화하였다.

(표 37) 주요 신호 강인도

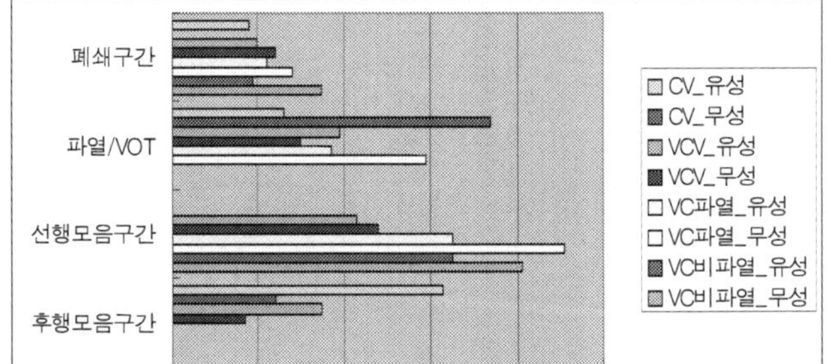

---

32) 신호 강인도 비율(%)

	CV		VCV		VC 파열		VC 비파열		평균
	무성	유성	무성	유성	무성	유성	무성	유성	
폐쇄구간	0	18	24	20	28	22	35	19	20.7
파열/VOT	74	26	30	39	59	37			44.1
선행모음구간			48	43	91	65	81	65	65.5
후행모음구간	24	63	17	35					34.7

전반적인 모습에서, 주요 신호 강인도는 주요 신호 일치도와 비슷한 경향을 보였다. 개별적인 신호로 살펴보면, '선행모음구간 〉〉 파열/VOT 신호 〉〉 후행모음구간 〉〉 폐쇄구간'의 순으로 서열이 정해졌다. 그러나 일치도 검사와는 다르게, 같은 신호일지라도 환경별로 많은 차이를 보인다는 점과, 선행모음신호의 돋들림이 일치도 검사에 비하여 더 심해졌다는 점이다.

이 강인도 조사에서 선행모음구간은 후행모음구간에 비하여 우수한 우월성을 보여줄 뿐 아니라, VOT나 파열보다 강인도가 더 강했다. 즉 선행모음구간이 무성신호로 주어졌을 때, 다른 신호들이 모두 유성신호로 주어져도 무성음으로 인지하는 비율이 높다. 만약 신호의 강인도가 우수한 신호라는 가정이 주어진다면, 기존 연구에서, 영어파열음은 VOT가 가장 우수한 신호라는 결과(Lisker & Abramson 1967; Hayward 2001)에 대하여 의문을 제기할 수 있다. 다음은 각 환경별로 나누어서 살펴보았다.

4.3.3.2.1. CV 환경

CV 환경에서는 반응 수 432문항(9명*2회*24문항)에 대하여, 조사결과 무성음인지 210(48.8%), 유성음인지 222(51.2%)개로 유성음인지가 약간 많은 것으로 조사되었다. CV 환경에서 주요 인지신호를 찾아보기 위하여 우선 각 신호의 유/무성에 의하여 피험자의 유/무성반응이 얼마나 일치하는지를 조사하였다.

(표 38) CV 환경 주요 단일신호 일치도

조음 단계	신호	유/무성	빈도	반응*		동일 신호 일치도	
				무성음	유성음	유/무성별	계(백분율)
폐쇄	폐쇄 단계	무성	빈도	114	102	26	54
			백분율	26	24		
		유성	빈도	96	120	28	
			백분율	22	28		
개방	파열/ VOT	무성	빈도	157	59	36	74
			백분율	36	14		
		유성	빈도	53	163	38	
			백분율	12	38		
	후행 모음 구간	무성	빈도	151	65	35	71
			백분율	35	15		
		유성	빈도	59	157	36	
			백분율	14	36		
전체			빈도	210	222		
			백분율	48.6	51.4		

* 반응검사에서 각 신호당, 기본 하한비율은 25%이고, 최고비율은 50%이다
(이는 유/무성으로 구분되었기 때문이다). 즉 무작위로 선택하였을 때 나
타나는 비율이 25%이고, 이 신호에 의하여 전부 결정이 된 경우는 50%이
다. 따라서 25% 미만이라는 것은 이 신호가 다른 신호에 차폐당하는 비율
이 높다는 의미이다. 반면, 50%에 가까울수록, 이 신호에 의하여 반응이
주로 결정됨을 의미한다.

폐쇄단계신호를 무성으로 주고 다른 신호들을 유/무성으로 무
작위로 주었을 때, 무성음으로 인지하는지를 살펴본 결과 26%가
일치하였고, 유성폐쇄구간이 주어졌을 때는 28%가 유성음으로 인
지하였다. 총 반응 수의 54%가 이 신호와 관련이 있는 것으로 조
사되었다. 이 수치는 '파열/VOT'나 후행모음구간신호에 비하여
월등히 떨어지는 것이다. '파열/VOT' 신호를 무성으로 주었을 때,
무성으로 인지하는 비율은 36%, 유성으로 주어졌을 때 유성으로

인지하는 비율은 38%이다. 총 74%의 반응이 '파열/VOT' 신호와 관련을 맺고 있음으로써, 이 환경에서는 가장 강력한 신호임이 입증되었다. 후행모음구간신호도 무성음일치 35%, 유성음일치 36%, 계 71%로 비교적 우수한 신호이지만, 몇 번에 걸친 연구에서도 '파열/VOT' 신호보다 반응 일치도가 떨어지는 결과를 얻었다.

주요 단일신호 일치도 조사에 이어서 각 신호의 강인도를 조사하였다. 전체적으로 이 환경에서, 동일한 두 개의 신호와 다른 하나의 신호로 구성된 총 반응 수는 324개였다. 이 중 동일한 두 개의 신호에 의하여 유/무성반응이 결정된 것은 213개(66%)이며, 나머지 111개(34%)는 하나의 신호에 의하여 결정되었다. 이 중 '유성신호 2개, 무성신호 1개'에 의하여 무성음으로 인지한 경우는 52개(16%)이며, '무성신호 2개, 유성신호 1개'로 유성음으로 인지한 경우는 59개(18%)로 유성음인지가 약간 많았다.

(표 39) CV 환경 주요 단일신호 강인도

조음단계	신호	무성음반응	유성음반응	평균
폐쇄	폐쇄구간	0	18	9
개방	파열/VOT	74	26	50
	후행모음구간	24	63	44

* 단위: %

이 도표에 의하면, 전반적으로 파열/VOT 신호의 강인도가 평균 50%로 가장 강하며, 후행모음구간도 44%로서 비교적 강력한 강인도를 갖는 신호로 보인다. 그러나 폐쇄구간신호는 겨우 9%를 차지함으로써 다른 신호에 쉽게 차폐당하는 것으로 조사되었다.

유/무성으로 구분이 되었을 때, 강인도는 신호에 따라 달라졌다. 즉 무성신호 파열/VOT는 유성신호 파열/VOT에 비하여 3배 이상의 강인도를 지녔다. 이는 '유성폐쇄구간 + 무성 파열/VOT + 유성 후행모음구간'이 주어졌을 때, 무성음으로 인지하는 비율이, '무성폐쇄구간 + 유성 파열/VOT + 무성 후행모음구간'이 유성음으로 인지하는 비율보다 3배가 많다는 의미이다. 유성음인지인 경우, 유성 후행모음구간신호는 무성 동일 신호에 비하여 역시 3배 정도의 차이를 보였다. 결과적으로, 유/무성구분이 이루어졌을 때, 무성음에서는 파열/VOT 신호가, 유성음인 경우는 후행모음구간 신호가 가장 우수한 신호로 조사되었다.

이는 각 환경별로 유/무성인지의 차이점을 설명하는 데 시사점을 제공해준다. 즉 CV 환경에서, 무성음인지는 파열/VOT 신호에 좌우되고, 유성음인지는 후행모음구간에 좌우된다는 사실은 유/무성 간에 '청각충격(auditory impact)'이 상이함을 의미한다. 청각충격이란 청각의 청각신경 섬유(auditory nerve fiber)에 미치는 영향을 말한다. 지금까지 많은 연구는 청각충격은 '파열'에 대하여 주로 작용하는 것으로 연구되고 있다(Wright 2001). 이는 무성음인지에는 사실이지만, 유성음인지는 '파열'의 비주기파보다는 '후행유성음'의 '주기파 에너지'에 의하여 인지되는 것으로 보인다. 즉 무성음인지는 '파열'을 통해 나타나는 '소음'에 의하여 인지가 되지만, 유성음인지는 파열 뒤에 나타나는 50ms 정도 길이의 모음 스펙트럼신호 −F0, F1, F2 수치 및 형태−의하여 이루어진다.

4.3.3.2.2. VCV 환경

우선 전체적으로 총 반응 수 864개에 대하여 무성음인지는 417 개(48.3%), 유성음인지는 447개(51.3%)로 비율 면에서는 CV 환경과 비슷하게 나왔다. 각 신호별로 유/무성인지와 어느 정도 일치하는지를 조사하였다.

(표 40) VCV 환경 주요 인지신호

조음 단계	신호	유/ 무성	빈도	반응*		동일 신호 일치도	
				무성음	유성음	유/무성별	계(백분율)
접근	선행모음 구간	무성	빈도	276	156	32	66
			백분율	32	18		
		유성	빈도	141	291	34	
			백분율	16	34		
폐쇄	폐쇄구간	무성	빈도	231	201	27	56
			백분율	27	23		
		유성	빈도	186	246	29	
			백분율	22	29		
개방	파열/ VOT	무성	빈도	261	171	30	62
			백분율	30	20		
		유성	빈도	156	276	32	
			백분율	18	32		
	후행모음 구간	무성	빈도	230	202	27	55
			백분율	27	23		
		유성	빈도	187	245	28	
			백분율	22	28		
전체			빈도	417	447		
			백분율	48	52		

* 반응검사에서 각 신호당, 기본 하한비율은 25%이고, 최고비율은 50%이다(이는 유/무성으로 구분되었기 때문이다). 즉 무작위로 선택하였을 때 나타나는 비율이 25%이고, 이 신호에 의하여 전부 결정이 된 경우는 50%이다. 따라서 25% 미만이라는 것은 이 신호가 다른 신호에 차폐당하는 비율이 높다는 의미이다. 반면, 50%에 가까울수록, 이 신호에 의하여 반응이 주로 결정됨을 의미한다.

110

VCV 환경의 특징은 특별한 주요 신호를 찾을 수가 없다는 데 있다. 물론, 선행모음구간이나 VOT 혹은 파열신호가 다른 신호보다 우수한 신호임에는 틀림이 없지만, 그 차이는 약 10% 범위에 걸쳐 있다. 이는 신호 수가 많을수록 어느 한 신호의 영향력은 떨어진다는 사실을 밝혀주고 있다.

선행모음구간을 무성신호로 주어졌을 때, 다른 신호들의 유/무성에 관계없이 무성음으로 반응하는 비율은 32%, 유성신호인 경우 유성음으로 인지하는 비율은 34%로, 총합 66%로 VCV 환경에서는 가장 우수한 신호였다. 즉 VCV 반응 중 66%는 어떤 식으로든 '선행모음구간'에 의하여 영향을 받는다.

이에 비하여 다른 신호들은 일치도가 떨어졌다. 폐쇄구간은 각각 무성음 27%, 유성음 29%, 계 56%로 CV 환경과 마찬가지로 저조하였다. 파열/VOT(무성음) 혹은 파열(유성음)을 나타내는 '비주기 에너지파'가 무성음 30%, 유성음 32%, 계 62%로 비교적 우수한 신호로 나타났다. 흥미로운 사실은 무성음 파열/VOT 신호가 30ms, 유성음 파열은 약 15ms가 주어졌는데, 짧은 구간에도 불구하고 비교적 우수한 인지신호로 보이는 점으로 보아서, 이 신호가 단지 구간에 의하여 유/무성만을 구분하지 않는다는 점을 보여주고 있다. 후행모음구간은 무성음일 때는 27%, 유성음일 때는 28%, 계 55%로 폐쇄구간과 함께 미약한 신호로 나타났다.

VCV 환경에서의 각 신호에 대한 강인도를 조사하였다. 전체적으로, 동일한 세 개의 신호와 다른 하나의 신호로 구성된 총 반응 수는 430개였다. 이 중 동일한 세 개의 신호에 의하여 유/

무성반응이 결정된 것은 292개(68%)이며, 나머지 138개(32%)는 하나의 신호에 의하여 결정되었다. 이 중 '유성신호 3개, 무성신호 1개'에 의하여 무성음으로 반응을 보인 경우는 74개(17%)이며, '무성신호 3개, 유성신호 1개'로 유성음반응을 보인 경우는 64개(15%)로 무성음인지가 약간 많았다.

(표 41) VCV 환경 주요 단일신호 강인도

조음단계	신호	무성음반응	유성음반응	평균
접근	선행모음	48	43	46
폐쇄	폐쇄구간	24	20	22
개방	파열/VOT	30	39	35
	후행모음	17	35	26

* 단위: %

미세하나마 유성음신호가 무성음신호보다 인지에 더 영향을 준다는 것을 보여주고 있다. 즉 동일한 신호인 무성음신호가 셋이고, 유성음신호가 하나일 때 유성음으로 인지하는 비율이, 유성음신호가 셋이고 무성음신호가 하나일 때 무성음으로 인지하는 비율보다 약간 높았다.

VCV 환경에서는 전체적으로 접근단계신호인 선행모음구간이 평균 46%로 가장 큰 강인도를 보였고, 개방단계신호 중 VOT(혹은 파열)가 35%로 그 뒤를 이었으며, 후행모음구간 26%, 폐쇄구간이 22%를 차지하였다. 그러나 유/무성반응으로 분류를 해 보면 선행모음구간은 미세하게나마 무성 선행모음신호가 주어졌을 때 무성음으로 반응을 보이는 경우가 유성음 신호로 주어졌을 때보다는 많았다. 후행모음구간신호인 경우 유성신호로 주어졌을 때, 다른 무성신호들에도 불구하고, 유성음으로 반응을 보이는 경우는 무성신호로 주어졌을 때보다 거의 2배 이상 높았다. 이 조사를 종합해보면, 무성음인지는 선행모음구간에 의하여 가장 많이 좌우되고, 유성음인지는 선행모음구간, 파열, 후행모음구간등 비교적 동등하게 관여를 한다고 볼 수 있다.

4.3.3.2.3. VC 파열 환경

전체적으로 이 환경에서는 무성음인지가 244개(57%), 유성음인지가 188개(44%)로 CV와 VCV 환경과는 다르게, 무성음인지 비중이 높았다. 각 신호와 반응의 일치도를 살펴보았다.

(표 42) VC 파열 환경 주요 인지신호

조음 단계	신호	유/무성	빈도	반응*		동일 신호 일치도	
				무성음	유성음	유/무성별	계(백분율)
접근	선행모음 구간	무성	빈도	177	39	41	76
			백분율	41	9		
		유성	빈도	67	149	35	
			백분율	16	35		
폐쇄	폐쇄구간	무성	빈도	120	96	28	49
			백분율	28	22		
		유싱	빈도	124	92	21	
			백분율	29	21		
개방	파열구간	무성	빈도	145	71	34	61
			백분율	34	16		
		유성	빈도	99	117	27	
			백분율	23	27		
전체			빈도	244	188		
			백분율	57	44		

* 반응검사에서 각 신호당, 기본 하한비율은 25%이고, 최고비율은 50%이다 (이는 유/무성으로 구분되었기 때문이다). 즉 무작위로 선택하였을 때 나타나는 비율이 25%이고, 이 신호에 의하여 전부 결정이 된 경우는 50%이다. 따라서 25% 미만이라는 것은 이 신호가 다른 신호에 차폐당하는 비율이 높다는 의미이다. 반면, 50%에 가까울수록, 이 신호에 의하여 반응이 주로 결정됨을 의미한다.

총 432 반응 중에서, 무성음반응이 57%, 유성음반응이 44%가 나왔다. 이는 어말 파열에서는 무성음으로 반응을 보이는 경우가 많다고 할 수 있다. 선행모음구간을 무성신호로 주고, 폐쇄단계신호나 개방단계신호를 무성신호 혹은 유성신호로 주었을 때, 무성음으로 반응하는 비율이 41%였다. 그리고 유성신호가 주어졌을 때, 다른 신호의 유/무성에 관계없이 유성음으로 반응하는 비율은 35%였다. 총 76%의 반응이 선행모음구간과 관계가 있었다.

폐쇄구간신호는 무성신호인 경우 28%, 유성신호인 경우 21%, 총 49%로서 선행모음 신호에 비하여 인지율이 현저히 떨어짐을 알 수 있다.

파열구간은 발화분석에서 유/무성을 구분하는 유의미한 신호가 될 수 없었다(p=.784). 이 청각실험에서 유/무성 관계없이 약 35ms 정도로 하여, 무성음 파열과 유성음 파열신호를 주었다. 무성음 신호가 주어졌을 때, 다른 신호에 관계없이 무성음인지는 34%, 유성신호인 경우는 27%를 차지하였다. 총 61%의 반응이 파열구간과 관계가 있었다. 이는 선행모음구간신호보다는 떨어지지만, 폐쇄구간신호보다는 우수한 신호라는 것이 밝혀졌다. 이는 유/무성 구간이 둘 다 35ms인 점을 고려하면, 피험자들은 이 신호에 관한 한 구간보다는 '스펙트럼' 수치 및 형태에 의하여 구분하는 것처럼 보인다. Repp(1979)의 연구에서도, 낮은 진폭일 때는 유성음으로, 높은 진폭일 때는 무성음으로 인지한다고 하였다.

다음은 VC 환경에서의 각 신호의 강인도를 조사해 보았다. 전체적으로, 동일한 두 개의 신호와 다른 하나의 신호로 구성된 총 반응 수는 324개였다. 이 중 동일한 두 개의 신호에 의하여 유/무성반응이 결정된 것은 162개(50%)이며, 나머지 162개(50%)는 하나의 신호에 의하여 결정되었다. 단일신호에 의한 유/무성인지 영향도는 이 VC 파열 환경이 가장 큰 것으로 조사되었다. 주요 단일신호의 인지도를 조사해보았다.

(표 43) VC 파열 환경 주요 단일신호 강인도

조음단계	신호	무성음반응	유성음반응	평균
접근	선행모음	91	65	78
폐쇄	폐쇄구간	28	22	25
개방	파열구간	59	37	48

단위: %

　신행모음구간을 무성신호로 하고, 폐쇄구간과 파열신호를 유성신호로 했을 때, 무성신호로 인지하는 비율이, 그 반대의 경우보다 월등히 높았다. 이는 파열신호도 마찬가지이다. 이는 어말에서 무성음으로 인지하려는 경향이 강하다고 주장할 수 있다. 즉 확대해석이 가능하다면, 어말 무성음화 현상은 반드시 조음작용에 의하여 생긴 음운현상이 아니라, 인지에 의한 음운현상임을 강하게 암시한다.

4.3.3.2.4. VC 비파열 환경

　전체적으로 이 환경에서는 무성음인지가 116개(54%), 유성음인지가 100개(46%)로 VC 파열 환경과 마찬가지로 무성음반응 비중이 높았다. 각 신호와 반응의 일치도를 살펴보았다.

<표 44> VC 비파열 환경 주요 인지신호

조음단계	신호	유/무성	빈도	반응*		동일 신호 일치도	
				무성음	유성음	유/무성별	계(백분율)
접근	선행모음	무성	빈도	89	19	41	79
			백분율	41	9		
		유성	빈도	27	81	38	
			백분율	13	38		
폐쇄	폐쇄구간	무성	빈도	64	44	30	56
			백분율	30	20		
		유성	빈도	52	56	26	
			백분율	24	26		
전체			빈도	116	100		
			백분율	54	46		

* 반응검사에서 각 신호당, 기본 하한비율은 25%이고, 최고비율은 50%이다 (이는 유/무성으로 구분되었기 때문이다). 즉 무작위로 선택하였을 때 나타나는 비율이 25%이고, 이 신호에 의하여 전부 결정이 된 경우는 50%이다. 따라서 25% 미만이라는 것은 이 신호가 다른 신호에 차폐당하는 비율이 높다는 의미이다. 반면, 50%에 가까울수록, 이 신호에 의하여 반응이 주로 결정됨을 의미한다.

선행모음구간이 무성신호를 주었을 때, 다른 신호의 유/무성에 관계없이 무성음으로 인지하는 비율은 41%, 유성신호를 주었을 때 유성음으로 인지하는 비율은 38%였다. 따라서 79%의 반응이 이 선행모음구간신호와 관련이 있었다. 그러나 폐쇄구간인 경우 무성 폐쇄신호가 주었을 때, 무성음으로 인지하는 비율은 30%, 유성폐쇄구간이 주어졌을 때, 유성음으로 인지하는 비율은 26%로서, 총 반응 일치도는 56%로 선행모음구간에 비하여 떨어졌다. 이 환경에서는 폐쇄구간에 비하여 선행모음구간신호가 우수한 신호로 나왔다.

(표 45) VC 비파열 환경 주요 단일신호 강인도

조음단계	신호	무성음반응	유성음반응	평균
접근	선행모음구간	81	65	73
폐쇄	폐쇄 중 유성구간	35	19	27

단위: %

이 환경에서는 선행모음구간이 73%로 폐쇄구간에 비하여 월등히 우수한 신호임이 입증되었다.

4.4. 정 리

인지에서 결정된 신호가 우수한 신호라고 정의를 내린다면, 다음과 같이 정리할 수 있다. CV 환경에서는 개방단계신호에 속하는 파열, VOT, 후행모음구간이 절대적으로 우수한 신호였다. VCV 환경에서는 접근단계신호에 속하는 선행모음구간이 단일신호로는 가장 우수한 신호였고, 개방단계신호에 속하는 파열, VOT가 그 뒤를 이었다. VC 파열 환경에서는 접근단계신호에 속하는 선행모음구간이 가장 우수한 신호였고, 개방단계신호에 속하는 파열구간이 그 뒤를 이었다. VC 비파열 환경에서는 접근단계신호에 속하는 선행모음구간이 가장 우수한 신호였다.

따라서 단일신호로 본다면 선행모음구간이 가장 우수한 신호이다. 그러나 '접근-폐쇄-개방'의 상위 항목으로 분류한다면 파열, VOT, 후행모음구간이 여러 시구간신호가 속한 개방단계신호가 가장 우수한 신호였다. 이는 본 연구가 처음 제기한 신호서열 가설이 성립됨을 의미한다.

(4.2) 신호서열 가설

개방단계신호 》 접근단계신호 》 폐쇄단계신호

개방단계신호가 접근단계신호보다 상위에 오는 것은 시구간신호를 두 개 이상 포함하고 있기 때문이다. 따라서 개별적으로는 선행모음구간이 가장 우수한 신호이지만, 파열/VOT와 후행모음구간을 포함하는 개방단계신호에는 그 정도가 떨어진다. 폐쇄구간에 구현되는 시구간신호는 가장 인지도가 낮은 것으로 조사되었다.

그러나 이러한 신호서열 가설은 각 환경별로 유/무성에 의하여 약간씩 다르게 나타났다. CV 환경에서는 파열과 VOT가 가장 강력한 신호였지만, 무성음반응에는 파열과 VOT 신호가 가장 강력했으며, 유성음반응에는 후행모음구간신호가 가장 강력했다. VCV 환경에서는 전체적으로는 선행모음구간이 가장 강력한 신호였으며, 유/무성음인지는 가장 유력하게 이 신호에 의존하였다. VC 파열, 비파열 환경에서는 선행모음구간이 가장 강력한 신호였으며, 유/무성음인지는 주로 이 신호에 의존을 하였다.

따라서 CV 환경을 제외하고는 전체적으로 선행모음구간이 가장 강력한 신호이며, 이 신호에 의하여 유/무성인지가 이루어지는 것으로 보인다. 이는 유/무성 간에 F0과 F1 수치가 차이를 보인다는 점을 감안하면, 유/무성인지는 전적으로 시구간신호에 의존하는 것이 아니라, 스펙트럼 수치 및 형태도 유/무성인지에 관여하는 것으로 보인다.

제5장 신호인지

　　청각실험을 통하여, 영어파열음에는 신호 간의 서열이 존재함이 증명되었다. 즉 개방단계신호와 접근단계신호는 우수한 신호이며, 폐쇄단계신호는 질이 떨어지는 신호이다. 그러나 이는 폐쇄단계신호가 전혀 유/부성을 구분하는 데 노움이 뇌지 않는 무의미한 신호란 의미는 아니다. Lisker(1957, 1986)에 의하면, 폐쇄 중 유성구간의 존재는 유성음인지에 기여를 한다고 보았다. Parker & Kluender(1986)는 /apa/와 /aba/에서의 '폐쇄구간'에 구간 차이를 두어 청각실험을 하였다. 그 결과 폐쇄구간의 차이는 유/무성대조에 충분한 신호가 될 수 있음을 보여주고 있고, 특히 폐쇄구간이 유성으로 주어졌을 때는 '유성음'으로 인지하는 비중이 높았다. 즉 폐쇄구간 자체도 충분히 유의미한 신호임이 입증되었다.

　　그러나 일부의 연구가 신호의 서열관계를 암시하고 있다. 이석재(2003)는 한국어 폐쇄음 겹자음의 위치성 지각에 대한 연구에서, 후행자음(C2)에 의한 선행자음(C1)의 위치성 지각은, 후행자음에 구현되는 음향특질이 선행자음의 위치성을 구현하는 음향특질을 차폐한 결과로 보고 있다. 이는 V1C1C2V2의 연속에서 C2가 V2로 인하여 좀더 풍부한 포만트 전이와 파열을 갖게 됨으로써, 청자는 C1보다는 C2의 정보에 의존하게 된다는 것이다. 이는 C2가 갖게 되는 '개방단계신호'가 C1이 갖고 있는 신호보다 우수한 신호임을 입증하는 것이다. 결국, '폐쇄단계신호' 자체도 우수한 신호이지만, 여러 종류의 시구간신호가 동시에 주어질 때, 폐쇄구간은 차폐당하는 것으로 판명되었다.

신호의 서열이 존재하게 된 배경에는 인간 청각이 갖는 특징 때문으로 보인다. Remez(2001)에 의하면, 심리음향학 측면에서 감각체계(sensory system)는 어떤 소리체계는 무시하고, 어떤 소리체계는 과장하면서 범주화로 받아들인다고 한다. 이는 청각단계와 인지단계에서 신호의 왜곡현상을 유효하게 설명해주고 있다. 이 견해를 받아들인다면, 영어파열음에 존재하는 많은 시구간신호 중에서, 모음구간과 파열(혹은 VOT)구간은 영어 화자들에게 선호하는 신호이고, 폐쇄구간신호는 무시하는 신호임에는 틀림이 없다. 따라서 발화와 인지의 비대칭에 의한 신호서열 도표를 만들 수 있다.

(표 46) 음향/인지 신호 비교

환경	신호종류	발화분석*	청각실험**
CV	주 신호	폐쇄 중 유성구간(단독신호) 파열/VOT(.000) 후행모음구간(.000)	파열/VOT (50%) 후행모음구간(44%)
	보조신호		폐쇄 중 유성구간(9%)
VCV	주 신호	폐쇄구간(.000) 파열/VOT(.000) 선행모음구간(.000) 후행모음구간(.000)	선행모음구간(46%) 파열/VOT(35%) 후행모음구간(26%)
	보조신호		폐쇄구간(22%)
VC 파열	주 신호	선행모음구간(.000)	선행모음구간(78%) 파열(48%)
	보조신호	폐쇄구간(.056) 파열구간(.784)	폐쇄구간(25%)
VC 비파열	주 신호	선행모음구간(.008)	선행모음구간(73%)
	보조신호		폐쇄 중 유성구간(27%)

* 유/무성 유의도를 의미한다.
** 강인도 평균값을 의미한다.

이 도표는 신호 사이에 서열이 존재한다는 것을 보여준다. 음향단계에서 여러 신호가 들어오지만, 인지단계에서는 개방단계신호와 접근단계신호에 관련된 신호가 주로 인지될 뿐더러, 인지된 신호들 사이에도 서열이 존재한다. CV 환경에서는 파열/VOT 신호가 가장 강하게 인지되고, 후행모음구간이 그 뒤를 잇는다. VCV 환경에서는 여러 음향신호가 인지단계로 넘어오지만, 선행모음구간이 가장 강력한 신호이고, VOT/파열은 그 뒤를 잇는다. VC 파열 환경에서는 선행모음구간이 가장 강력하고, 파열신호가 그 뒤를 이으며, VC 비파열 환경에서는 선행모음구간이 유일하면서 가장 강력한 신호이다. 따라서 우리는 다음과 같은 모형을 가정할 수 있다.

(표 47) 음향, 인지, 음운단계 간의 관계모형 가설

환경	음향단계	인지단계	음운단계
CV	[파열/VOT] [후행모음구간] [폐쇄 중 유성구간]	[파열/VOT] [후행모음구간]	t/d 구분
VCV	[파열/VOT] [선행모음구간] [후행모음구간] [폐쇄 중 유성구간] [폐쇄묵음구간]	[선행모음구간] [파열/VOT] [후행모음구간]	t/d 구분 정도 감소
VC 파열	[선행모음구간] [폐쇄묵음구간] [폐쇄 중 유성구간]	[선행모음구간] [파열]	t/d 구분
VC 비파열	[선행모음구간] [폐쇄 중 유성구간]	[선행모음구간]	t/d 구분 정도 절대감소

이 도표에서 의하면, 신호의 우수성은 음향보다는 인지에 의하여 결정됨으로써, 비대칭이 존재한다. 음향에서 유/무성 차이를 가져오는 모든 신호들은 청각단계에서 그 서열이 정해진다. 주로, 접근단계신호와 관련된 선행모음신호와, 개방단계신호와 관련된 파열/VOT, 후행모음이 주요한 인지신호로 작용을 한다. 이러한 신호들이 우수한 인지작용을 갖는 것은 주로 선, 후행모음구간에 구현되는 '모음구간', 'F2 전이', '파열', 'VOT' 때문이다(Wright 2001). 본 실험에 나타난 '신호서열'의 특징은, 첫째로 스펙트럼신호의 구현 여부에 의하여 시구간신호의 우수성이 정해지며, 둘째로, 무성음과 유성음 사이의 선호신호가 서로 다르며, 셋째로 초분절 요소의 개입으로 인한 접근단계신호의 우수성의 특징을 지닌다.

5.1. 스펙트럼신호의 구현

우수한 신호임이 입증된 '파열', 'VOT', '모음구간'의 공통점은 스펙트럼신호가 구현된다는 점이다. 이는 스펙트럼 수치 및 형태가 유/무성과 조음위치 결정에 상당한 영향을 행사함을 의미한다. 일반적으로 유성음은 낮은 F0과 F1을 갖고, 무성음은 상대적으로 높은 수치를 갖는 것으로 연구되고 있다(Summers 1987; Kingston & Diehl 1994). 기식 진폭과 파열 진폭, 구간의 차이 등도 유/무성을 결정하는 요소이다(Wright 2001).

이런 스펙트럼신호는 유/무성인지에만 관여할 뿐만 아니라, 조음위치에도 영향을 미치는 것으로 보인다. 파열의 강도 측면에서, 높은 파열진폭은 치경음으로, 낮은 파열진폭은 양순음으로 인지한다. 파열의 스펙트럼 형태도 조음위치와 밀접한 관계가 있다고 알려졌는데, Hayward(2000)에 의하면, 양순음은 확산 - 하강(diffuse-falling) 스펙트럼 형태, 치경음은 확산 - 상승, 연구개음은 뭉침(compact) 스펙트럼 형태를 띤다고 보았다. 또한, 포만트 전이도 중요한 조음위치를 결정하는 신호이다.

스펙트럼신호의 구현은 유/무성대조 및 조음위치를 인지하는 데 중요한 단서가 된다. 물론 폐쇄단계신호도 자체의 구간길이에 의하여 유/무성을 인지하는 데 기여하지만(Lisker 1957), 그 효과는 스펙트럼신호를 가진 파열, 기식, 모음구간에 비할 바가 아니다. 즉 스펙트럼신호가 미비한 시구간신호가 스펙트럼을 가진 시구간신호에 차폐당하는 경향이 높다. 본 실험의 신호 강인도 조사에서 폐쇄구간의 강인도는 평균 20.7%에 불과하지만, 스펙트럼신호를 갖는 파열/VOT 구간 신호는 44.1%, 선행모음구간은 65.5%의 높은 강인도를 보였다. 이는 폐쇄구간은 쉽게 다른 신호에 차폐당하지만, 선행모음구간 같은 경우는 자신의 신호에 의하여 다른 신호를 차폐시켜, 자신과 일치하는 유/무성반응을 불러일으키는 경우가 65%에 달했다.

5.2. 신호의 유/무성인지 차이

스펙트럼을 갖는 시구간신호도 신호파의 형태에 의하여 신호의 강력함이 달라진다. 음파의 속성으로 나누어 보면, VOT나 파열 같은 비주기파와 모음구간 같은 주기파로 나눌 수 있다. 전체적으로, 무성신호의 '파열'이나 'VOT' 같은 비주기파는 가장 강력한 무성음인지신호이며, 유성음은 '모음구간' 같은 주기파가 가장 강력한 신호였다. 이는 유성신호로 주어진 파열이나 VOT는, 무성신호의 파열이나 VOT에 비하여 강력함이 현저할 정도로 떨어진다는 사실에 근거한다.

예를 들어, CV 환경의 무성신호로 주어진 VOT 강인도는 74%로, 유성신호 VOT 강인도 26%에 비하여 압도적으로 강력한 신호이다. 이는 무성신호로 주어진 VOT는 다른 신호에 의하여 거의 차폐를 당하지 않지만, 유성신호로 주어진 VOT는 다른 신호들에 차폐를 당하는 경향이 매우 높다. CV 환경의 또 다른 주요 신호인 후행모음구간을 살펴보면 유/무성 간의 강인도를 더욱 잘 비교할 수 있다. 유성신호로 주어진 후행모음구간의 강인도는 63%로, 무성신호 후행모음구간 강인도 24%에 비하여 3배 이상 강력한 신호이다. 이는 CV 환경에서 무성음인지는 '파열/VOT'에, 유성음인지는 '후행모음구간'에 의존한다고 할 수 있다. 이 결과는 지금까지 알려진 영어파열음 유/무성경계가 VOT 35ms[33](Lisker & Abramson 1967) 사실에 대하여 다른 해석을 요구한다. 즉 평균적으로 VOT가 35ms가 넘어서면 무성음으로 인지하지만, 35ms 이내에서는 비주기파인 VOT 신호가 무시되고 후행모음에 의하여 유성음으로 인지될 가능성이 크다. 따라서 전적으로 VOT에 의하여 유/무성반응이 결정된다는 가설은 의문의 여지가 있다.

따라서 '파열/VOT' 구간이 20ms 이하로 나타나고, 유/무성 차이가 10ms 되는 VCV 환경에서는, 무성음인지는 선행모음구간에 의존한다. 선행모음구간은 무성신호로 주어졌을 때는 48%, 유성신호로 주어졌을 때는 43%의 강인도를 보임으로써, 가장 강력한 신호였다. 즉 이는 아무리 무성음인지가 비주기파에 의지하지만, 그 구간의 길이나 강도가 떨어지는 경우는 선행모음구간이 갖는 스펙트럼신호에 의하여 무성음인지가 결정되는 것 같다. 무성음인 경우 F0, F1이 유성음에 비하여 훨씬 높다. 즉 '파열/VOT' 신호가 무시되고, 이 스펙트럼신호들에 의하여 유/무성이 결정되는 것이다.

VCV 환경에서 유성음인지는 무성음과 마찬가지로 '선행모음구간'에 의존한다(43%). 그러나 유성 '파열/VOT'도 39%의 강인도를 보임으로써, 유성음을 인지하는 데 중요한 신호임을 알 수 있다. 흥미로운 사실은 무성 '파열/VOT'는 강인도가 30%로서 유성음 신호보다 떨어진다는 것이다. 이는 무성음 '파열/VOT' 구간이 평균 35ms 정도 주어지고, 유성음 신호가 평균 20ms 정도 주어졌다는 사실을 비추어 보면, VCV 환경에서의 '파열

---

33) 여기서 VOT란 본 연구에서 언급하는 '파열/VOT'란 의미이다.

/VOT'는 구간보다는 그 구간이 지니는 스펙트럼 형태에 의하여 유/무성을 구분하는 것으로 해석이 가능하다.

따라서 무성신호는 일정 길이 이상의 '파열/VOT' 신호가 지닌 '비주기형 음파'를 선호하며, 이 신호에 의하여 인지되지 못했을 때는 모음구간에 출현하는 '주기파'에 나타나는 F0나 F1의 스펙트럼신호에 의지한다는 것을 알 수 있다. 유성음인 경우는 모음구간에 출현하는 '주기파' F0나 F1의 스펙트럼신호가 가장 강력한 신호이고, 이신호가 인지되지 못했을 때는 '비주기파' 파열/VOT 신호에 의존하게 된다.

5.3. 접근신호의 우수성

접근단계신호는 상대적으로 미약한 신호로 알려져 왔다. Steriade(1997)는 시작신호(onset cue)는 'V1(선행모음)-O(저해음)-V2(후행모음)' 연속에서, 저해음과 V2 사이의 전이 부분에 나타나는 신호인데 가장 인지가 활발하며, 반면에 V1과 저해음 사이에 나타나는 종료신호(offset cue)는 인지가 미약하다고 하였다.[34] 더욱이, VOT 같은 시작신호(onset cue)는 내부 신호와 종

---

34) 시작신호(onset cue)와 종료신호(offset cue)에 대한 정의는 관점에 따라 다르다. Laver(1994)는 V1-O-V2 연속에서 V1에 구현되는 신호를 시작신호로, V2에 구현되는 신호를 종료신호로 보았다. 이는 주요 관심 분절음을 어떻게 이해하느냐에 달려 있다. 만약 저해음(O)에 있다고 본다면, V1 부분은 시작신호로 이해될 것이며, 모

료신호를 합친 것보다 더 우위에 있을 뿐 아니라, 유/무성구분은 이 신호에 좌우된다고 주장했다.

> …… suggest (a) that the onset cues have primacy over offset cues, in the sense that they may determine the categorization of the segment in the presence of conflicting information and (b) onset cues may have primacy over the combination of offset and internal cues(Steriade 1995:9).

그러나 본 실험에 의하면 모음의 종료신호가 구현되는 '선행모음'신호가 개별신호에서는 가장 왕성하게 유/무성을 구분하는 것으로 밝혀졌다. 선행모음신호와 총 반응 수의 일치도는 74%로서, VOT/파열이 65%, 후행모음구간 63%, 폐쇄구간 54%로서, 전체적으로 가장 영향력이 있는 신호로 나타나고 있다(CV 환경 제외). 이는 이 신호에 구현되는 F0과 F1에 의하여 유무성 구분이 이루어짐을 의미한다(Summers 1987; Kingston & Diehl 1994). 이는 일반적으로 무성음 근처에서 F0, F1은 올라가며, 유성음 근처에서는 내려간다. 그리고 이 F0과 F1은 인식에 상당한 영향을 미치는 것으로 알려져 왔다(Ball & Rahilly 1999).

본 실험에서 '선행모음'신호의 영향이 더욱 두드러진 이유 중의 하나는 초분절요소인 '음고저'(pitch)를 나타내는 F0과의 관계

음 부분에 있다고 본다면, V1은 종료신호에 해당한다. 따라서 V1 부분에 구현되는 신호는 모음 부분의 종료신호와 후행자음 부분의 시작신호가 교차되는 중복구간(overlapping phase)이다.

때문으로 보인다. 즉 본 실험의 VCV 발화 환경은 2음절로 이루어지고, 유/무성 대립 쌍 단어들인데, 모두 [æ__ə]의 환경을 지니고 있다(예: tapper/tabber, tatter/tadder, tacker/tagger, 등). 이는 초분절음의 요소인 '음고저', 즉 F0이 주어진 단어들의 선행모음구간에 비강세 선행모음보다 많이 투영될 가능성이 크다. 따라서 비강세 선행모음의 무성음보다 강세 무성음이 더 강세를 받았을 것이고, 따라서 F0 수치는 높아지고, 자연적으로 인지는 더 쉽게 구분되었을 가능성이 있다.

F1 차이가 유/무성과 조음점에 대하여 중요한 인지신호라는 것은 이미 밝혀졌다. Lieberman *et al.*(1958)은 제1 포만트 변이를 점차 잘라나갔을 때 청자가 어떻게 지각하는지를 연구하였다. F1을 10ms씩 제거했을 때, 첫 번째 세 개의 자극을 유성파열음으로 인지했으며, 30ms 이상 제거가 되었을 때는 무성음으로 인지한다는 사실을 밝혀냈다.

그러나 이러한 스펙트럼신호가 선행모음에만 구현되는 것이 아니라, 후행모음에 구현됨에도 불구하고, 두 신호의 인지능력에 커다란 차이를 가져온다는 점은 아주 흥미로운 현상이다. 신호의 우수성을 나타내는 또 다른 지표인 강인도를 비교해 보았을 때, VCV 환경에서 선행모음구간은 46%로 가장 강력한 신호이며, 후행모음구간은 26%로 22%인 폐쇄구간신호와 함께 다른 신호에 비교적 수월하게 차폐당하는 것으로 나타났다.

이는 선행모음신호가 VCV 환경과 VC 환경에서 가장 앞자리에 위치하는 신호라는 점이 중요하게 작용하는 것으로 보인다. 일반적으로 신호의 위치는 인지에 상당히 중요한 역할을 하는 것으로 알려져 왔다. Wright(2001)의 '시작신호 – 종료신호' 비대칭은 CV 환경에서 왜 VOT 신호가 강력한지를 잘 설명해 주고 있다.

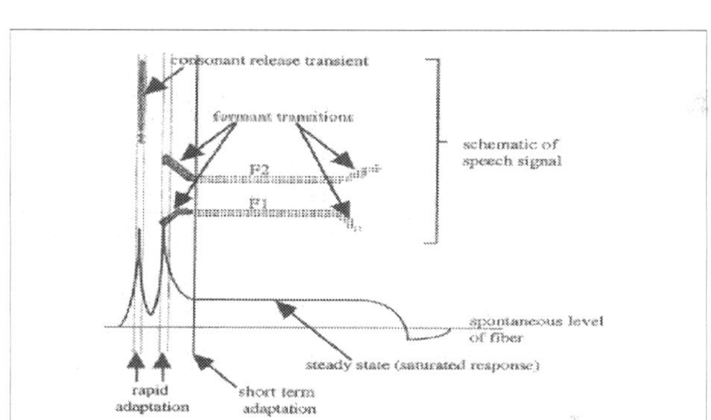

(그림 3) 시작 – 종료 신호 비대칭 (Wright 2001)

CV 환경에서 파열의 갑작스런 자극과 그 뒤의 5ms 정도의 급작스런 약화과정을 통하여 적응을 거친 다음 50ms에 이르는 모음 부분을 통한 '느린 약화과정'이 뒤를 잇게 된다. 따라서 시작 부분에 형성되는 갑작스런 파열과 모음 앞부분에 형성되는 포만트 전이는 인지 강화에 커다란 역할을 수행한다.

그러나 소리 개시 부분에는 '파열'뿐만 아니라 '모음' 부분도 상당히 인식에 영향을 미치는 것으로 보인다. Plauché(2001)에 의하면, 소리는 내이와 중이를 통하여 기저막(basilar membrane)으로 전달된다. 이 기저막은 청각신경을 자극하는데, 이 청각신경은 특정 주파수에 맞추어져 있다. 즉 진폭 개시(onset) 부분에서 청각신경섬유는 고밀도로 반응한다. 만약 소리자극의 개시 부분이 점진적으로 구성되면, 신경반응 정도는 그대로 유지하면서 감소된다. 또, 청각신경의 특징은 역동적인 신호에 대하여 매우 민감하다.

'파열'뿐만 아니라 모음 부분도 인지에 영향을 미치는 것은 모음 부분에 구현되는 스펙트럼 변화 때문이다. Plauché(2001)는 주파수 변화 같은 역동성에 인지가 가장 잘 초점이 맞추어진다고 보았다. 그에 의하면, 인지체계는 사건탐지(event-detector)를 탑재한 것이다. 이 메카니즘은 갑작스런 스펙트럼 변화를 찾는 것인데, 여기에는 파열, 성대진동 개시 등이 포함된다. 같은 스펙트럼 신호를 보유하고 있는 모음구간임에도 불구하고, 선행모음구간이 후행모음구간보다 인지 측면에서 더 우수한 것은 확실하며 이는 전적으로 신호의 위치가 인지에 강력히 영향을 미침을 암시한다.

5.4. 정   리

각 환경에서의 인지 정도는 스펙트럼신호의 구현 여부, 신호의 위치에 의하여 결정되며, 유/무성음별로 선호하는 신호의 종류가 다르다는 사실이 밝혀졌다. 따라서 이런 요소들에 의하여 '개방단계신호 〉〉 접근단계신호 〉〉 폐쇄단계신호'로 서열화되어 있음을 증명하였다. 개방단계신호인 '파열/VOT', '후행모음구간'은 두 개의 시구간신호가 구현되기 때문에 가장 강력한 신호이다. 접근단계신호인 '선행모음'은 단일신호 중에서 가장 일치도와 강인도가 높은 신호였다. 이는 '음고저'(pitch)가 실험에 투영되어 있기도 하지만, 신호가 앞에 위치하는 경우는 가장 강력하게 인지에 영향을 미치기 때문이다. 폐쇄단계신호는 다른 신호들에게 가장 차폐를 당하기 쉬운 신호임이 밝혀졌다. 이는 이 신호가 스펙트럼신호를 구현하지 못하기 때문이다.

결국, 발화분석에서 유/무성과 조음위치상 동등한 정도의 유의미한 차이를 보이던 신호들이 청각실험을 한 결과 서열이 생겼다. 이는 발화와 청각 사이의 비대칭을 의미하며, 음향상의 정보를 그대로 음운구조에 적용하는 것이 올바른 일이 아닐 수 있다는 점을 지적한다.

제6장 결 론

6.1. 연구의 결론

본 연구는 발화와 청가실험을 통하여 음향과 인지 영역 간의 비대칭을 연구하였다. 비록 음향상으로는 같은 정도의 통계적 유의도를 보일지라도, 인지 측면에서는 많은 차이를 가져온다는 점을 보여주었다. 단일신호 측면에서는 VOT보다는 '선행모음'신호가 유/무성을 구분하는 더 우월한 신호임이 입증되었다. 그러나 상위범주로 구분이 되었을 때는 VOT가 속한 '개방단계신호'가 더 우월하였다. 따라서 본 연구의 가설인 신호서열이 입증되었다.

(6.1) 영어파열음 신호서열

개방단계신호(파열, VOT, 후행모음구간) 〉〉 접근단계신호(선행모음구간) 〉〉 폐쇄단계신호(폐쇄묵음구간, 폐쇄 중 유성구간)

개방단계신호와 접근단계신호는 폐쇄단계신호에 비하여 신호일치도 검사와 강인도 검사에서 우수한 신호로 판명되었다. 이는 신호정보량이 신호 간에 똑같지 않다는 의미이다.

이론적으로, Nearey(1997)의 약이론이 타당함도 입증되었다. 이는 시구간과 스펙트럼에 의하여 구현되는 음향단서와 음운구조 사이에는 변화가 많고 환경적으로 민감한 관계이기 때문이며, 음향이 갖는 풍부한 정보와 가변적인 음성신호와 불변하는 음운구조를 자각하는 인지능력 사이에는 비대칭이 존재하기 때문이다.

실험결과는 신호허가이론(Licensing by Cue: Steriade 1995, 1997, 2001)에 의문을 제기할 수 있는 근거를 제공한다. 이 이론에 의하면, 파열음의 대조/중화는 음절위치에 의해서가 아니라, 각 환경에 구현되는 신호정보량 때문에 일어난다고 보았다. 예를 들어, VCV 환경에서의 음대조가 VC 환경보다 활발한 것은 상대적으로 많은 음향신호가 출현하였고, 따라서 신호정보량이 많아지고, 바로 이런 이유로 음대조를 갖고 오게 되는 것이다.

(6.2) 유/무성대조에서의 신호분포(Steriade 1997:6)

1. VCR(모음-자음-공명음): e.g. abra, aba, apra, apa
폐쇄 중 유성구간, 폐쇄묵음구간, 선행모음구간, 선행모음 F1, 파열구간, 진폭; VOT; 후행모음 F0, F1.

2. CVR(자음-모음-공명음): e.g. bra, ba, pra, pa; and asbra, asba, aspra, aspa
폐쇄 중 유성, 폐쇄묵음구간, 모음구간; 모음 F1, 파열구간 및 진폭.

3. VC(모음 – 자음): e.g. ab, ap

폐쇄 중 유성구간, 폐쇄묵음구간; 모음구간; 모음 F1; 파열구간 및 진폭

4. VCO(모음 – 자음 – 저해음): e.g. absa, apsa

폐쇄 중 유성구간, 폐쇄묵음구간; 모음구간; 선행모음 F1.

5. OCO(저해음 – 자음 – 저해음): e.g. asbta, aspta

폐쇄 중 유성구간, 폐쇄묵음구간

6. OS(저해음 – 자음): asb, asp

폐쇄 중 유성구간, 폐쇄묵음구간

7. CO(자음 – 저해음): bsa, psa

폐쇄 중 유성구간, 폐쇄묵음구간

만약에 이 이론을 시구간신호들을 가지고, VCV 환경과 CV 환경, VC 파열 환경을 비교해 본다면 'VCV 환경 ≫ CV 환경 ≫ VC 파열 환경'순으로 유/무성인지 서열이 생길 것이다. 이는 VCV 환경에서는 선행모음구간, 폐쇄구간, VOT, 파열구간, 후행모음구간의 5개의 시구간이 출현하고, CV 환경에서는 폐쇄구간(선행유성구간), VOT, 파열, 후행모음구간의 4개의 시구간이 출현하며, VC 파열 환경에서는 선행모음구간, 폐쇄구간, 파열구간

138

의 세 개의 시구간이 출현된다. 따라서 VCV 환경의 신호량이 가장 많기 때문에 인지구분이 가장 활발해야 한다.

그러나 본 환경별 인지실험에서 이 순위가 다르게 전개되었다. 즉 'CV 환경 >> VC 파열 환경 >> VCV 환경'의 순으로 유/무성 인지도 서열을 구성하고 있다. 이는 신호허가이론이 음향과 인지의 비대칭을 고려하지 않음으로써 생긴 결과로 보인다. 이 이론에서는 인지도(perceptual scale)에 의하여 각 환경의 대조/중화가 결정된다고 하였지만, 엄밀한 의미에서 인지도는 음향신호의 수에 의하여 결정되는 것은 아닌 것 같다.

본 실험에 의하면, 인지도는 청각 측면의 신호의 질에 의하여 결정된다. 개방단계신호와 접근단계신호의 구현 여부가 그 환경에서의 인지도를 결정한다. 이 가설은 왜 CV 환경과 VC 파열 환경이 VCV 환경보다 인식도가 우수한지를 설명할 수 있는 근거를 제공할 수 있다. 그것은 CV와 VC 파열 환경이 VCV 환경과 마찬가지로 개방단계신호와 접근단계신호가 출현하고 있고, 출현된 이 신호들이 더 우수하게 작용하기 때문이다.[35]

이는 신호허가이론의 각 환경별 인식도의 범언어적인 적용에 문제가 있음을 암시한다. 왜냐하면, 각 언어의 후두특성에 따라 인지되는 주 신호가 다를 수 있고, 이는 범언어적인 적용에 문제

---

35) CV 환경에 출현된 신호들이 더 우수하게 작용되는 이유는 청각공간에서의 '신호의 수'와 밀접히 관련되어 있는 것으로 보인다. 이에 대해서는 Liljencrants & Lindblom(1972)과 이를 음운론에 도입한 Flemming(1995)을 참고하기 바란다. 이 연구들에서는 모음에 대하여 언급하고 있지만 자음에도 충분히 적용할 수 있다. 왜냐하면 자음인지 대부분은 모음 부분에 구현되기 때문이다.

가 생길 수 있기 때문이다.

Gerfen(2001)의 Eastern Andalusian Spanish에 대한 연구에서도, 음소 /s/는 어말에서 파열이 된다(예: /ganas/ 'desire' -〉 [ga.naʰ]). Gerfen의 신호허가이론에 대한 반론은 EAS에서 's'는 후행모음이 올 때만 허가가 되는데, 어말에서 '유기'로 허가가 되는 것은 다음 두 가지 측면에서 신호허가이론 오류를 지적하고 있다. 즉 치찰음 's'는 위치를 나타내는 강한 내부 신호를 가지고 있기 때문에 CV 포만트 전이는 부차적인 역할밖에는 못하며, 내부 신호보다, 환경신호가 중요한 다른 저해음도 공명음 앞에서 파열이 일어나지 않는다(예: [aklara] 'she clears up'). 즉 신호가 일어나는 환경을 중시하는 신호허가이론에 대하여, Gerfen의 반론은, 대조/중화가 일어날 수 있는 환경이 아무리 주어져도 내적인 신호가 강력하면 환경은 무시된다는 것이다. Mielke(2002)도 Turkish어에서, [h]가 우월한 환경인 유음이나 비음 앞에서 생략이 되고, 빈약한 환경인 무성 폐쇄음과 파찰음 앞에서 유지되는 현상은 신호허가이론에서는 설명될 수 없다. Seo(2001)의 한국어, 모로코 아랍어, 스웨덴어 사용자를 대상으로 유성동화현상을 인식 측면에서 분석한 연구에 의하면, 일반적으로 Steriade(2001)의 P-map 형태를 따르기는 하지만, 모국어에 의해서도 상당한 영향을 받는 것으로 연구되고 있다. 예를 들어, 한국인 피험자들이 /nl/, /ln/, /ml/, /ŋl/에서 낮은 인지도를 보이는 것은 한국어에 나타나는 중화현상의 결과로서, 음운대조가 표면형에 구현되지 못하기 때문으로 보았다.

이러한 연구들은 인지가 환경에 구현되는 신호 수에 의존하는 것이 아니라, 모국어를 바탕으로 형성된 신호의 질에 의존함을 보여주고 있다. 예를 들어, Eastern Andalusian Spanish의 어말 /s/에서 파열은 자체음이 갖는 내부 신호가 주위 모음에 구현되는 시구간신호나 포만트 신호보다 더 상위의 질을 갖고 있음을 의미한다. 마찬가지 이유로 터키어에서 [h]가 우월한 환경인 유음이나 비음 앞에서 생략되는 것은 [h] 인지는 자체 내부 신호에 의존함을 의미한다. 한국어의 경우도 '모음'과 '공명음' 사이에서 음대조가 일어나야 함에도 중화가 일어나는 현상은 첫 자음이 갖는 포만트 신호나 내부 신호가 하위의 신호로서 후행공명음의 신호에 차폐당하기 때문으로 보인다.

본 연구에서는 음향과 인지, 발화와 청각 간의 비대칭에 대하여 연구를 하였다. 그 결과 인지 측면에서 신호 간의 서열이 존재함을 증명하였으며, 이는 모국어를 기반으로 하는 청자가 갖는 청각적인 특성 때문임을 보여주었다. 결국 이러한 비대칭적인 요소는, 음향신호를 기반으로 하는 신호허가이론에 대하여 의문을 제기한다.

6.2. 차후 연구과제

본 연구는 시구간신호만을 대상으로 연구를 진행하였다. 그 이유는 시구간신호가 실험상 결과를 비교적 명확히 측정할 수 있을 뿐만 아니라, 신호편집에도 비교적 손쉽게 접근할 수 있기 때

문이다. 그러나 유/무성을 구분하는 또 다른 축인 '스펙트럼신호'
에 대해서는 차후연구의 과제로 남겨두고자 한다.

스펙트럼신호는 '포만트 스펙트럼 수치 및 형태'와 관련이 있
는 신호로서, 강도, F1, F2, F3 등의 스펙트럼 특징, F0 특징, 주
파수의 형태, 포만트 진폭의 수준, H1-H2, H1-F2 등이 여기에
속한다. 연구 초기에, 선행연구(강석한 2005)를 통하여 실험을 해
본 결과, 스펙트럼신호 측정에는 별 문제가 없지만 인지 신호편
집상에 많은 문제가 있음을 발견하였고, 어쩔 수 없이 시구간신
호만으로 방향을 선회하였다. 이는 연구상에 많은 아쉬움을 남기
게 하였다.

영어파열음에서의 완벽한 신호서열을 규명하기 위해서는 이
스펙트럼신호에 대한 인지 측면에서의 연구가 선행되어야 한다.
이는 스펙트럼을 갖는 모음구간의 신호의 우수성이 바로 이 스
펙트럼신호에 의존하기 때문이다. 우리는 아직도 F0, F1, F2가
어느 정도 인지능력이 있는지 파악을 못하고 있다.

또 다른 연구과제는 조음위치별 대조인지에 관여하는 신호들
에 대한 연구이다. 물론, 본 발화 연구에서도 각 환경에서 조음위
치별로 선보였지만, 인지 측면에서 조음위치별로는 약간만을 다
루었을 뿐이다. 이는 신호의 전체 모습을 살피는 데 장애가 되고
있다. 예를 들어, 본 연구에서는 발화상으로는 아무런 연관이 없
는 '파열구간'신호가 유/무성인지상 중요한 신호로 작용하고 있음
을 보여주고 있지만, 일부 연구는 이 신호가 조음위치별로도 유
용한 신호임을 입증하고 있다(Byrd 1993). 종합적인 측면에서의

신호의 위치별 인지 실험을 차후의 연구과제로 남겨두는 바이다.

최종적으로는 음변화에 대한 관심이다. 신호의 질과 음 인지 혼란과는 관계가 있는 것으로 보고되고 있다(Chang et al. 2001). 질적인 저하를 가져오는 신호가 음혼란을 가져오고, 결국은 음변화의 단초를 제공한다는 것이다. 이 가설을 받아들인다면, 영어파열음에 있어서, 음변화의 시동은 '폐쇄단계신호'에 있을 것이다. 이는 Liverpool English에서의 '마찰음화'와 관련하여 흥미로운 관점을 제시해준다. 즉 기존의 연구(Honeybone 2001)가 '음약화'로 기술하고 있지만, 사실은 빈약한 폐쇄신호 대신 청각적으로 우수한 마찰신호를 택하는 '음강화'현상으로 해석할 수 있기 때문이다. 이는 차후 연구과제로 남겨두는 바이다.

참고문헌

강석한. 2005. 영어파열음 유/무성대조 구현화에 대한 신호인허가
설 접근. 2005년 봄 한국언어학회 발표집. 134-146

박경자, 임병빈, 김재원, 유석훈, 이재근, 김성찬, 장연준, 한 호.
2001. 응용언어학 사전. 서울: 경진문화사.

양돈규. 2003. 심리학 용어집. 서울: 학지사.

양병곤. 1994. 합성한 한국어 단모음의 지각실험 연구. 실험 음성
학 논문집 Ⅰ. 부산: 신영문화사.

______. 2005. 청각도구 Alvin 사용법. ms. 〈fonetiks.info/bgyang/〉

이석재. 2003. 폐쇄자음군의 폐쇄구간 축소에 따른 위치성 지각에
대한 재해석. 말소리. 45. 2-14.

이진호. 2005. 국어음운론 강의. 서울: 삼경문화사.

한국음향학회. 2003. 음향 용어 사전. 서울: 교학사.

Alaskary, H. 2001. *The role of static and dynamic cues in the
identification of voiceless stop consonants by children and
adults.* Doctoral Dissertation. Vanderbilt University.

Anderson, J., & Owen. C. 1987. *Principles of dependency phonology.*
Cambridge: Cambridge University.

Azou, P., Ozsancak, C., Morris, R. J., Jan, M., Eustache, F., &

Hannequin, D. 2000. Voice onset time in aphasia, apraxia of speech and dysarthria: a review. *Clinical Linguistics & Phonetics*, 14, 131-150.

Ball, M., & Rahilly, J. 1999. *Phonetics: the Science of Speech*. London: Arnold

Boersma, P., & Weenink, D. 2005. *Praat 4. 3. Manual*. ms. 〈www.praat.org〉

Borden, G., Harris, K., & Raphael L. 1994. *Speech science primer*. Sydney: Willimas & Wilkins.

Byrd, D. 1993. 54,000 American stops. *UCLA Working Papers in Phonetics*. 83.

Cazals, Y. and Palis, L. 1991. Effect of silence duration in intervocalic velar plosive on voicing perception for normal and hearing-impaired speakers, *Journal of the Acoustical Society of America*. 89. 2916-2921.

Chang, S., Plauché, M., & Ohala, J. 2001. Markedness and consonant confusion asymmmetries. In Hume, E. & Keith, J. 〈eds.〉, *The role of speech perception in phonology*. London: Academic Press.

Cho, T & Ladeforged, P. 1999. Variation and universals in VOT: evidence from 18 languages. *Journal of Phonetics*. 27. 207-229.

Crowther, C. S. and Mann, V. 1992. Native language factors affecting use of vocalic cues to final consonant voicing in English. *Journal of the Acoustical Society of America.* 92. 711-722.

Cruttenden, A. 2001. *Gimson's pronunciation of English.* London: Arnold.

Delattre, P., Liberman, A. and Cooper, F. 1955. Acoustic loci and transitional cues for consonants. *Journal of the Acoustical Society of America.* 27. 769-773.

Delattre, P., Liberman, A., & Cooper, F. 1955. Acoustic loci and transitional cues for consonants. *Journal of the Acoustical Society of America.* 27. 769-773.

Fisher-Jørgensen, E. 1967. *Acoustic analysis of stop consonants: Readings in acoustic phonetics.* Cambridge: MIT Press.

Fischer, R. M. and Ohde, R. N. 1990. Spectral and durational properties of front vowels as cues to final stop consonant voicing. *Journal of the Acoustical Society of America.* 88. 1250-1259.

Flemming, S. 1995. *Auditory representation in phonology.* Doctoral Dissertation. UCLA.

Gerfen, C. 2001. A critical review of Licensing by Cue: codas and obstruents in Eastern Andalusian Spanish. In

Lombardi, L. ⟨eds.⟩, *Segmental phonology in Optimality Theory: Constraints and representations.* Cambridge: Cambridge University Press.

Hayward, K. 2000. *Experimental phonetics.* London: Pearson Education.

Hillenbrand, J., & Gayvert, T. 2004. *Open-source software for experimental design and control.* ms. ⟨http://homepages.wmich.edu/~hillenbr⟩

Hillenbrand, J., Ingrisano, D. R., Smith, B. L., and Flege, J. E. 1984. Perception of the voiced and voiceless contrast in syllable-final stops. *Journal of the Acoustical Society of America.* 76. 18-26.

Hogan, J. T. and Rozsypal, A. J. 1980. Evaluation of vowel duration as a cue for the voicing distinction in the following word-final consonant. *Journal of the Acoustical Society of America.* 67. 1764-1771.

Honeybone, P. 2001. Lenition inhibition in Liverpool English. *English Language and Linguistics.* 5. 213-249.

Hume, E., and Keith, J. 2001. *The role of speech perception in phonology.* New York: Academic Press.

Iverson, G. & Salmons, J. 1995. Aspiration and laryngeal representation in Germanic. *Phonology.* 12. 369-396.

Jun, J-H. 1995. *Perceptual and articulatory factors in place assimilation: an optimality theoretic approach.* Doctoral Dissertation. UCLA.

Kent, R., & Read, C. 2002. *Acoustic analysis of speech.* Madison: Singular Thomson Learning Press.

Kim, C-W. 1970. A theory of aspiration. *Phonetica.* 21. 107-116.

Kingston, J., & Diehl, R. 1994. Phonetic knowledge. *Language.* 70. 419-454.

Kirchner, R. 1995. *Lenition in phonetically based optimality theory.* Doctoral Dissertation. UCLA.

Krause, S. E. 1982. Vowel durationas a perceptual cue to postvocalic consonant voicing in young children and adults. *Journal of the Acoustical Society of America.* 71. 990-995.

Laver, J. 1994. *Principles of phonetics.* New York: Cambridge University Press.

Lehiste, I. and Peterson, G. E. 1961. Some basic considerations in the analysis of intonation. *Journal of the Acoustical Society of America.* 33. 419-423.

Liberman, A., Delattre, P., & Cooper, F. 1958. Some rules for the distinction between voiced and voiceless stops in initial position. *Language & Speech.* 1. 153-167.

148

Liberman, M. & Mattingly, G. 1985. The Motor Theory of speech perception revised. *Cognition.* 21. 1-36.

Liljencrants, J. & Lindblom, B. 1972. Numerical simulations of vowel quality systems: The role of perceptual contrasts. *Language.* 48. 839-862.

Lisker, L. 1957. Closure duration and the intervocalic voiced-voiceless distinctions in English, Language 33, 42-49.

______. 1981. On generalizing the Rapid-Rabid distinction based on silent gap duration, Haskins Laboratories Status Reports on Speech Research SR-54: 127-132.

______. 1986. 'Voicing' in English: a catalogue of acoustic features signaling /b/ versus /p/ in trochees. *Language and Speech.* 29. 3-11.

Lisker, L. & Abramson, S. 1964. A cross-language study of voicing in initial stops: Acoustical measurements. *Word.* 20. 384-422.

______. 1967. Some effects of context on voice onset time in English Stops. *Language and Speech.* 10. 1-28.

______. 1970. The voicing dimension: some experiments in comparative phonetics. In Halá, B., Romportl, M., & Janota, P. (eds.), *Proceedings of the 6th international congress of phonetic sciences.* Prague: Academica.

______. 1971. Distinctive features and laryngeal control. *Language*. 47. 766-785.

Mackay, I. 1987. *Phonetics and the science of speech production*. Boston: Little Brown Co.

Maddieson, I. 1984. *Patterns of sounds*. Cambridge: Cambridge University Press.

Malécot, A. 1958. The role of releases in the identification of released final stops: A series of tape-cutting experiments. *Language*. 34. 370-380.

Massaro, D. & Cohen, M. 1983. Consonant/vowel ratios: An improbable cue in speech. *Perception & Psychophysics*. 33. 501-505.

Mielke, J. 2003. The interplay of speech perception and phonology: Experimental evidence from Turkish. *Phonetica*. 60. 208-229.

Nearey, T. 1997. Speech perception as pattern recognition. *Journal of Acoustical Society of America*. 101. 3241-3253.

Ohala, J. 1997a. Aerodynamics of phonology. *SICOL 97*. 91-97.

______. 1997b. Phonetics in phonology. *SICOL 97*. 45-49.

O'Kane, D. 1978. Manner of vowel termination as a perceptual cue to the voicing of postvocalic stop consonants. *Journal of Phonetics*. 6. 311-318.

150

Ohde, R. N. 1984. Fundamental frequency as an acoustic correlate of stop consonant voicing. *Journal of the Acoustical Society of America*. 75. 224-230.

Park, H-S. 2002. *Temporal and spectral characteristics of Korean phonation types*. Doctoral Dissertation. The University of Texas at Austin.

Parker, D. and Kluender, K. 1986. Trading relations in speech and nonspeech. *Perception and Psychophysics*. 39. 129-42.

Parker, F. 1974. The coarticulation of vowels and stop consonants. *Journal of Phonetics*. 2. 211-221.

Port, R. F. and Dalby, J. 1982. Consonant/vowel ratio as cue for voicing in English. *Perception and Psychophysics*. 34. 141-152.

Port, R. F. 1981. Linguistic timing factors in combination. *Journal of the Acoustical Society of America*. 69. 262-274.

Plauché, M. 2001. *Acoustic cues in the directionality of Stop consonant confusions*. Doctoral Dissertation. University of California, Berkeley.

Raphael, L. J. 1972. Preceding vowel duration as a cue to the perception of the voicing characteristic of word-final consonants in American English. *Journal of the*

Acoustical Society of America. 51. 1296-1303.

Raphael, L. J. 1981. Durations and contexts as cues to word-final cognate opposition in English. *Phonetica.* 38. 126-147.

Raphael, L. J. 1995. Acoustic cues to the perception of segmental phonemes, in Pisoni, D. B. & R. E. Remez (eds.) *The Handbook of Speech Perception,* Oxford, Blackwell Publishing Ltd.: 182-206.

Raphael, L. J., Dorman, M. F., and Liberman, A. M. 1980. On defining the vowel duration that cues voicing in final position. *Language and Speech.* 23. 297-308.

Raphael, L. J., Dorman, M. F., Freeman, F., and Tobin, C. 1975. Vowel and nasal duration as cues to voicing in word-final stop consonants: Spectrographic and perceptual studies. *Journal of Speech and Hearing Research.* 18. 389-400.

Repp, B. H. and Williams, D. R. 1985. Influence of following context on perception of the voiced-voiceless distinction in syllable-final stop consonants. *Journal of the Acoustical Society of America.* 78. 445-457.

Revoile, S., Pickett, J. M., Holden, L. D., and Talkin, D. 1982. Acoustic cues to final stop voicing for impaired-and normal-hearing listeners. *Journal of the Acoustical*

152

Society of America. 72. 1145-1154.

Remez, R. 2001. The interplay of phonology and perception considered from the perspective of perceptual organization. In Hume, E., & Keith, J. (eds.), *The role of speech perception in phonology*. London: Academic Press.

Repp, B. 1979. Relative amplitude of aspiration noise as a voicing cue for syllable initial stop consonants. *Language and Speech*. 22. 173-189.

Seo, M-S. 2001. A perception-based study of sonorant assimilation. *Japanese/Korean Linguistics*. 11. 315-327.

Serniclaes, W., & Bejster, P. 1979. Cross-language differences in the perceptual use of voicing cues. In Harry & Hollien, P. (eds.), *Amsterdam studies in the theory and history of linguistic science IV*. Amsterdam: Amsterdam-John Benjamin B. V.

Serniclaes, W. & Wajskop, M. 1979. Prevoicing as a perceptual cue in French. In Harry & Hollien, P. (eds.), *Amsterdam studies in the theory and history of linguistic science IV*. Amsterdam: Amsterdam-John Benjamin B. V.

Spencer, A. 1996. *Phonology*. Oxford: Blackwell.

Summers, W. 1987. Effects of stress and final-consonants voicing on vowel-production: Articulatory and acoustic analyses. *Journal of the Acoustical Society of America.* 82. 847-63.

Stevens, K. 1999. *Acoustic phonetics.* Cambridge: The MIT Press.

Steriade, D. 1995. *Positional neutralization.* UCLA. ms.

______. 1997. *Phonetics in phonology: the case of laryngeal neutralization.* UCLA. ms.

______. 2001. *The phonology of perceptibility effect: the P-map and its consequences for constraint organization.* MIT. ms. 〈http://web.mit.edu/linguistics/www/bibliography/steriade.html〉

Williams, L. 1977. The voicing contrast in Spanish. *Journal of Phonetics.* 5. 169-184.

Walsh, T. and Parker, F. 1981. Vowel termination as a cue to voicing in post-vocalic stops, Journal of Phonetics 9: 105-108.

______. 1983. Vowel length and vowel transition cues to [+/− voice] in post-vocalic stops, Journal of Phonetics 11: 407-412.

Walsh, T., Parker, F., and Miller, C. J. 1987. The contribution of F1 decline to the perception of [+/− voice]. *Journal of Phonetics.* 15. 101-103.

154

Wang, W. S.-Y. 1959. Transition and release as perceptual cues for final plosives. *Journal of Speech and Hearing Research.* 2. 66-73.

Whalen, D. H., Abramson, A. S., Lisker, L., and Mody, M. 1990. Gradient effects of fundamental frequency on stop consonant voicing judgments. *Phonetica.* 47. 36-49.

_____. 1993. F0 gives voicing information even with unambiguous voice onset times. *Journal of the Acoustical Society of America.* 93. 2152-2159.

Wolf, C. G. 1978. Voicing cues in English final stops. *Journal of Phonetics.* 6. 299-309.

Wright, R. 2001. Perceptual cues in contrast maintenance. In Hume, E., & Johnson, K. (eds.), *The role of speech perception in phonology.* London: Academic Press.

Yeni-Komshian, G., Caramazza, A., & Preston, M. 1977. A study of voicing in Lebanese Arabic. *Journal of Phonetics.* 5. 35-48.

· 저자 ·

강석한   **·약 력·**

제주대학교 영어 교육과 학사
University of Wisconsin-Milwaukee 언어교육 석사(영어 교육 전공)
연세대학교 영어영문학과 박사(음성/음운론 전공)

전 김포 여자 고등학교 교사(영어)
   제주관광대학 실무영어과 전임강사
   국민대학교 시간강사
   성결대학교 시간강사
   연세대학교 시간강사
현 인천대학교 초빙교수

·연구비 지원 수혜·

2004-2005 신진연구인력 장려금 지원 사업(학술진흥재단)

·주요논저·

「A Cross-linguistic study of the perception of the voicing contrast in
English plosives」
「Effects of language, age and English listening level on voicing perception
of English final stops」
「언어별, 연령별, 수준별 집단에 의한 모음 간 영어파열음 유/무성 인지 연구」
「다양한 수준의 한국인 영어 학습자의 영어파열음의 구간 신호지각 연구」
「영어파열음 시구간신호의 음향과 지각 비대칭성 연구」
외 다수

발화와 인지 비대칭성 연구 I

• 초판 인쇄	2006년 11월 15일
• 초판 발행	2006년 11월 15일
• 지 은 이	강석한
• 펴 낸 이	채종준
• 펴 낸 곳	한국학술정보㈜
	경기도 파주시 교하읍 문발리 526-2
	파주출판문화정보산업단지
	전화 031) 908-3181(대표)·팩스 031) 908-3189
	홈페이지 http://www.kstudy.com
	e-mail(출판사업부) publish@kstudy.com
• 등 록	제일산-115호(2000. 6. 19)
• 가 격	10,000원

ISBN 89-534-5384-4 93740 (Paper Book)
      89-534-5385-2 98740 (e-Book)